一生お金に困らない開運術

金運龍神風水

愛新覚羅ゆうはん
Aishinkakura yuhan

日本文芸社

金運は自力で
良くすることが
できますか？

答えはYES。

持って生まれた宿命は変えられない。

でも、自分の行動は変えられる。

本書でお伝えする「金運龍神風水」でできることは、

停滞した運気を蘇《よみがえ》らせることです。

環境を整えることで、自分のマインドが変わり、

マインドが変わることで、自分の行動が変わり、

行動が変わることで、自然と金運を引き寄せることができる。

環境、マインド、行動、運気、すべては連動しているのです。

さあ、自力で、風水で、一生お金に困らない豊かさを手に入れましょう！

はじめに

節約より投資より風水をやるべき理由

はじめまして、愛新覚羅《あいしんかくら》ゆうはんと申します。

愛新覚羅と聞いて、映画『ラスト・エンペラー』を思い出す人が多いと思います。私は中国黒龍江省ハルビン生まれ、祖母の家系が愛新覚羅氏です。5歳のときに来日し、日本と中国の双方で教育を受けてきました。

私は、幼少期から生と死、宿命や運命に強い興味を持っていました。

また、目に見えない世界に興味があった私は、「易経《えききょう》」との出会いをきっかけに、東洋哲学に関心を持ち、陰陽五行《いんようごぎょう》思想をベースにした、「気」を読み解く風水にたどり着きました。

祖母と母からも風水教育を受け、学び、そして自分自身で実践し続けるうちに、いつしか風水や占いを通してさまざまな方々を鑑定していく道を選ぶことになりました。

これまで2万5千人以上の方を鑑定してきましたが、「お金に関する悩み」は世代・環境にかかわらず万人に共通するものだと痛感しています。

昨今の日本では、物価上昇、税負担、年金問題など、お金に関する不安が増幅しているようにも感じます。

「投資ブームに乗っていない自分に焦るけど、なかなか勉強できない」
「老後資金が足りるか心配でたまらない」
「物価が上がっても、給料が上がらない」
「子どもの教育費を貯《た》めてあげられないかもしれない」

そんな声が多く聞かれます。

私にも当然、お金の悩みや不安がありました。

家系的に裕福で苦労もないというイメージを持たれやすいのですが、さまざまな歴史に翻弄されてきた家系でもあります。

遼寧省の祖母の邸宅には、50人強の警護隊とお手伝いさんがいましたが、国共内戦後は土地や財産を奪われ、無一文となりました。

私はそんな祖母たちの苦労を見聞きしてきたからこそ、しっかりとお金を稼がなければいけないと、幼い頃から感じていたのです。

「お金を自ら稼いで、より良く使う術《すべ》を身につけろ」という教えも家族から受けてきました。

そのため、学生時代はアルバイトを掛け持ちし、同級生よりも自由になるお金を稼いでいました。


しかし、私の問題は「あればあるだけ使ってしまう」ということでした。

この浪費癖から抜け出せず、稼いでも趣味に、遊びに、学びにと、出ていくばかり。

さらに四柱推命（東洋占術のひとつ）で自分の宿命を鑑定すると、「財星《ざいせい》」だらけで「漏財《ろうざい》」の側面もあるという宿命。

これは、金運に恵まれるけれど、出費も多い傾向を持っているという意味で、まさしく宿命の通りだったのです。

どうにか対策をしなければと強く感じ、私がしたことは、節約でも投資でもなく、学んでいた風水を日常生活でしっかりと実践していくことでした。

一人暮らしの家選びは、すべて風水鑑定をもとに決めました。風水的に良いとされる家、逆に悪いとされる家にも住み、風水対策の効果を検証したのです。

何軒か移り住むなかで、起こる流れに身を任せた結果、脱サラできるほどに占い事業は発展。浪費癖も改善して、苦手だった貯金もできるようになっていきました。

30代を過ぎた頃には、「風水対策でここまで貯金額を増やせた！」と自信を持つことができました。

書籍の出版や企業の風水顧問などのお仕事も叶い、念願のマイホームを手に入れることもできたのです。

ここで少し、私の風水実体験をご紹介します。

風水を最初に意識して住んだ家

Before

会社勤め、浪費癖あり、仕事に悩みがち。

［選んだポイント］

- 窓は南西・西向き、部屋は南向き
- マンションに丸のオブジェがある
- 漏財宅《ろうざいたく》（P.94）ではない

［風水対策］

- 北玄関が明るくなるように照明を置いた
- 引っ越した当初は南枕だったが、北枕に変更
- 簡易的なおうち神棚を設置
- クローゼットを整理し、ものを溜めこまないようにした

After

住み始めてから、占い業を始めるきっかけが訪れる。事業を始めると軌道に乗り、勤めていた会社を退職。事業繁栄のための風水対策を補強すると、鑑定予約が2カ月先まで埋まり、会社員時代以上に忙しくなる。ブログ、LINE占いコンテンツデビューも果たし、占いや開運をテーマにした講座も開催できるようになる。

お部屋

2

凶相の物件でも開運できるかを実験！

Before

占い業は順調。事業拡大を目指す。

〔**選んだポイント**〕

- はりが多い
- 天井に傾斜がある
- はす向かいが事故物件

※実験のため凶作用のある物件を選んだ

〔**風水対策**〕

- 凶方面に護符や鎮宅符を描いて貼った
- 玄関に貔貅《ひきゅう》（P.100）の置物を置いた
- 邪気を跳ね返すための八卦鏡を取りつけた
- 集中力が上がる北～北東向きに仕事デスクを置いた

After

対策のおかげで、LINE占いの他にも、占いコンテンツの発売が増えていき、念願の本の出版が叶った。さまざまなメディア媒体に取り上げられ、露出が増えた。凶相でも、努力と対策があれば、運気が上がることがわかった。

稼ぐだけでなく 貯蓄につながった家

Before

貯蓄を増やすため、立地を含め、本格的に風水の実践を行うことを決める。

［選んだポイント］

- 北に小高い山、南にひらけた国道（＝水路）がある
- リビングは南から南西向き、各方角に部屋と窓あり
- はりもカケもない四角い間取り
- 日当たりが、住んできたなかで一番良い

［風水対策］

- 龍神や宝珠の飾り、置物を置いた
- 財の循環を促す方角に水槽を設置して海水魚の飼育を始める
- 北西の部屋に鉱物・鉱石をたくさん置いた
- ゴミ箱の数を最少限にし、頻繁に捨てるようにした

After

テレビ出演が次々と決まり、書籍も2作目、3作目の発売が決まっていく。通販事業も成功し、講座やセミナーなどもさらに活気が出る。事業繁栄によってさらに金運が向上し、それによって苦手だった貯蓄ができるようになる。

お部屋

4

ついに理想の風水物件を購入！

Before

成長、拡大というフェーズから築き上げたものの安定を目指す。

［選んだポイント］

- 眺望が非常に良く、日当たりも良い。海と山が見える
- リビングは東から東南向き、各方角に部屋と窓あり
- 北西の部屋にはりのある間取り（事業繁栄と安定継続の強化）

［風水対策］

- 溜めこんできたものを半分以上手放して整理した
- 家具を減らし、見える床面積を広くし、床を綺麗に保っている
- 東に縦長、ストライプなどを意識した壁紙やインテリアを配置
- 弥勒布袋《みろくほてい》の置物を各部屋に置いた

After

一部の事業を法人化することができた。落ち着いて原稿の執筆や企画発案ができるようになり、勢いだけでなく、質の向上や充実度を強化できるようになった。また、新たな占いメディアコンテンツのリリースや、経営者向けの講演会や研修依頼など、企業案件も増えた。

こんなふうに、人生に風水を取り入れたことで、確実に金運を上げることができたのです。

もちろん、上を見たらキリがありません。でも、今では「私にとってのちょうどいい豊かさ」を実現できた！と、満たされた感覚があります。お金に対して、漠然とした不安を感じることはなくなったのです。

東洋哲学の陰陽思想で考えれば、お金のパワーも吉凶は常に隣り合わせ。この**「ちょうどいい（中庸）」感覚**を知って大切にできれば、もっと生きやすくなると思ったことが、本書の制作につながっています。

風水は、環境に変化をもたらすことで、運気を動かします。

つまり、停滞した自分と運気から脱出できるメソッド。

私が実践するゆうはん流風水は、「部屋・もの」といった住環境に加え、自分の「マインド・習慣」に変化を起こし、自分自身を整える。この2つで金運の引き寄せ力をアップさせ、開運速度を早めるものです。

風水で金運が良くなる仕組み

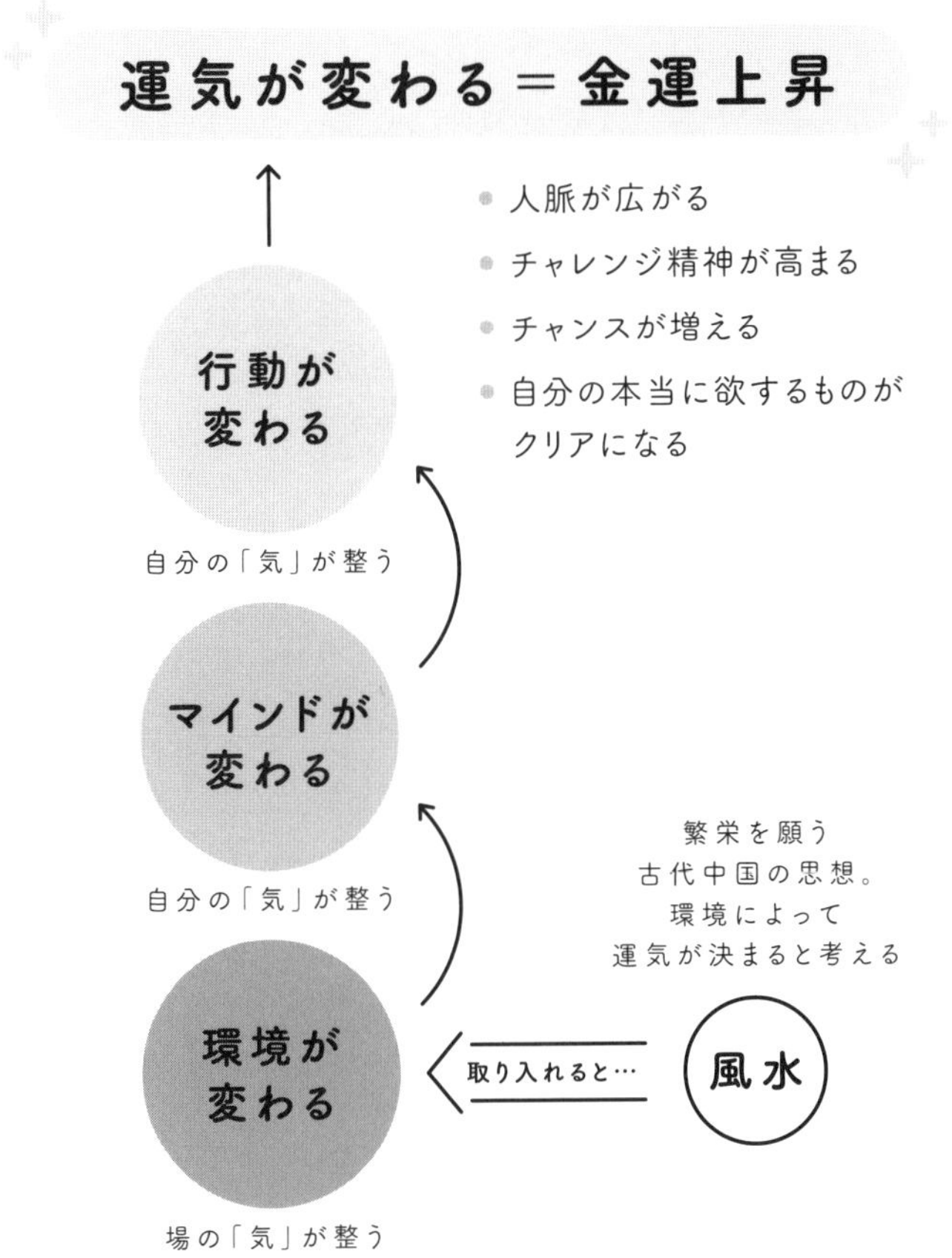
運気が変わる＝金運上昇
人脈が広がる
チャレンジ精神が高まる
チャンスが増える
自分の本当に欲するものがクリアになる
行動が変わる
自分の「気」が整う
マインドが変わる
自分の「気」が整う
環境が変わる
場の「気」が整う
取り入れると…
風水
繁栄を願う古代中国の思想。環境によって運気が決まると考える

お金が貯まらない、お金に向き合うことが苦手という人は、「自分の環境」「自分自身」「運気」が雑然としている状況かもしれません。

たとえ節約を頑張っても、投資の勉強を始めても、そんな状況ではきっとうまくいかなくなってしまいます。


本書は、**ゆうはん流風水に加え、風水とも縁が深く、繁栄の象徴でもある「龍神」の力を活かす方法、占い業という仕事を通して出会ってきたお金持ちの方々から得た知見**も一緒にお伝えしていきます。

なかでも古代中国の教えとして「**中国富裕層に伝わる常識**」や、「**金運をめぐらせる3つの力**」は運気向上を加速させるために必要な視点。

古代中国の伝統を重んじながらも、新しい時代を生きる私たちにより活かせる形で説いていきます。


環境が運気を決めるという風水的視点を持てば、金運をコントロールするのは難しくありません。

自然にお金を増やす行動がとれるようになるからです。

風水はおまじないのようなものではなく、**長い歴史を持った自分を変える手段**です。


お金は、あなたが思い通りの人生を歩むための良きパートナー。

「豊かな人生を得たい」と願うならば、そのパートナーとともに、どう歩んでいくかが大切です。

今あなたが抱えている「お金の悩みや不安」を、金運龍神風水で一緒に解決していきましょう。

CONTENTS

第1章 お金に恵まれない一番の理由は何か？

第2章 風水は運命を思い通りにデザインする最強の対策

第3章 中国のお金持ちが取り入れている風水と龍神の力

第4章

「発財力」を上げる 金運龍神風水 実践編

第5章

「蓄財力」を上げる金運龍神風水 実践編

第6章 「招財力」を上げる 金運龍神風水 実践編

お部屋・もの編

マインド・習慣編

コラム

第7章 財布からお墓まで 8つの悩みを 風水で整える

お金がない！
の正体は？

なぜ風水で
お金が増えるの？
龍神って何者！？

金運って
コントロール
できるの？

全部答えるよ！

第 1 章

お金に恵まれない一番の理由は何か？

お金に恵まれる人、恵まれない人の違いとは？

あなたが占い師に「私の金運はどうですか？」と質問したとしましょう。

そこで、占い師から、

「あなたはお金に恵まれない星だから、欲をかかないことね」

なんて、言われたらどう思いますか？

ショックはもちろん、働く気も、節約する気も、投資の勉強を始める気も失せてしまうかもしれません。

ただ残念ながら、お金と縁があるかどうかや、どれくらいのお金に恵まれるのかということは、生まれ（宿命）によって、ある程度決まっています。

では、もともと金運が最悪だったら、諦めるべきでしょうか？

……であるならば、この本は必要ありません！

たとえば、海外に渡って大成功している人気アスリートのAさんは、一般人では考えられないほどの多額の収入を得ています。

さぞやお金に恵まれる星を持っているんだろうと思うかもしれませんが、四柱推命（生年月日から宿命などがわかる東洋占術のひとつ）でみてみると、大金持ちになる星は持っていません。むしろ、コツコツ蓄えていくタイプと出ています。

総合的にみると、アスリートにはなくてはならない星を持ち、その道を極めることで財を成す人。早くから自らの才能を活かす努力を積み重ねてきたことが、成功につながったといえます。

一方、Aさんの通訳を務めたBさんは、お金に恵まれる星を複数持っていて、大金持ちになれる生まれともいえます。しかし、お金に恵まれても自らによって失う可能性や、何が起こるかわからないジェットコースターのような人生を歩む傾向にあると出ています。

つまり、生まれ持った金運の影響は、あなたの行動次第で吉にも凶にもなり得るのです。

宿命によって、金運がある程度決まっていると同時に、「育ってきた環境」もまた、お金と深い関係性があります。

資産家の家に生まれれば、多くの場合、親の資産を受け継ぎ、裕福に暮らせるでしょう。当然、どこの家庭に生まれるかで、お金に恵まれるかどうかは大きく左右されるわけです。

もっと大きく見れば、どこの国に生まれるかも重要です。

どんなに努力しても希望の環境を手に入れられない。

受けたい教育があっても受けられない。

実現したいことが実現できない。

など、宿命的な環境から逃れられないこともあるでしょう。

しかし、欲しいものが買えない家に生まれても、二度と経験したくないと強い意志を持って一代で財を築く人がいるように、自分の人生を諦めず、さまざまな運も重なって、昇りつめていく人たちもいます。

一方で、鑑定をしていてお会いする方のなかには、資産があっても、悩み続け、恵みを活かしきれない人生を送っている人もたくさんいました。

その違いは、**人生をより良くしていきたいという意識と、貪欲《どんよく》に運気を上げたいという「行動」や「対策」ができるかどうか**だと感じています。

占い師に悩みを相談したり、神社で祈願したりするだけでは、まだ足りていません。

占いのアドバイスを活かして「行動する・対策する」までが重要です。神様には、自分の行動を見守ってもらうというイメージです。

金運を動かすには、自分を動かせるかどうか。

それが鍵といえるでしょう。

お金に恵まれない人の運気実例① 稼いでいるのにない！

稼いでも稼いでもお金が出ていく人は、簡単にいうと環境や心のどこかに「穴」があいている状態です。家の状態はその人の心の状態を映し出し、連動しているといえます。

風水では「漏財宅《ろうざいたく》」といって、財が漏れていく相がありますが（94ページ参照）、浪費癖がある方の家が漏財宅であるケースは多いと感じています。

また、次のような傾向もあります。

□部屋が乱雑
□同じものをいくつも買ってしまう（ストックしてしまう）
□買ったのに使っていないものがたくさんある

□欲しいものを我慢できない
□依存傾向が強い

稼いでいるのにお金が貯まらない人は、**「場の気」が停滞している状態**です。

整理整頓が苦手なために、何が必要で何が不必要かがわからず、自分にとっての「ちょうどいい状態」を見失っている状態といえます。そうすると、自《おの》ずと運気も停滞してしまいがちに。

以前の私もそうでしたが、浪費癖が直らない人は感情を優先し、後先を考えずに過ごしてしまうため、お金の管理も苦手な方が多いように感じます。

お金と上手にお付き合いができないと、人間関係にも不調和が出てきやすい傾向にあります。恋愛が長続きしない、約束を忘れてしまう、遅刻が多く友達が離れていくなど、人とのつながりに穴があいてしまうことも。状況がエスカレートすれば、漏れていく財をどうにもできなくなってしまうこともあるでしょう。

もし、右記のチェック項目に該当する場合は、**まず環境を整えることから意識してみるのがおすすめ**です。

お金に恵まれない人の運気
実例② 意識高いのにない！

鑑定の現場でお金の相談をされる方のなかには、投資の勉強をしたいと思っていたり、副業を始めようとしていたりと、もともとお金への意識が高い人も多くいらっしゃいます。しかし、その方に合った開運アドバイスをしても、行動に移せない人が多いようです。

ひとつは、焦りを感じているのに腰が重いパターン。自分に自信がない、自己肯定感が低い、そういった傾向から、不安が大きくて行動できないのかもしれません。

もうひとつは、第一歩は踏み出したものの、その後、動けなくなってしまったというパターン。たとえば、手っ取り早く儲けたいと思うあまり、高額な投資セミナーに飛びつくも、それっきり何もしないなんてことも……。

行動し続けることが面倒になってしまう、そんな傾向も見受けられます。

ふたつのパターンで共通するのは、お金への意識は高いのに、お金に恵まれないということ。そういった場合は、**「自分の気」が停滞している状態**です。

□人からのアドバイスを素直に聞けない
□「でも」「だって」が口癖
□一攫千金《いっかく》を願い、楽して稼ぎたいと常に思う
□SNSでお金持ちを見ては嫉妬する
□結局、自分はお金に恵まれない人生だと思っている

チェック項目に心当たりはありませんか?

お金は素直で前向きに行動できる人のところに集まってきますし、残念ながら風水の陰陽思想(44ページ)を用いて考えれば、楽をしてお金を稼げる方法はありません。

環境だけでなく、自分のマインドにも目を向けてみることが大切です。

お金に恵まれない一番の原因は停滞感

ここで、金運という漢字にも注目してみましょう。

「金運＝お金を運ぶ」。

「人が動くことでお金は動く」と私は解釈しています。

つまり、お金に恵まれないと感じる人は、「自分自身が動いていない」のかもしれません。


本書の冒頭でもお伝えしたとおり、環境、マインド、行動、運気、すべては連動しています。ひとつが止まれば、他も連動して止まってしまいます。

部屋が散らかっていたり、換気していなかったり、埃《ほこり》が溜まっていたり、環境の状態が悪ければ、心身は影響を受けます。

自分の心（マインド）も、どんよりしていることは間違いありません。すぐに諦めがちだったり、やる気を出せなかったり、未来に希望を持てなかったり。そんな状態だったら、当然、行動力は伴わないでしょう。

また、かつての私がそうであったように、親にどうにかしてほしい、国にどうにかしてほしいと、何かのせいにして自ら動くことを放棄していることもあるかもしれません。

そういった人の運気が良くないことは明らかですし、お金がめぐってきそうなイメージもわきませんよね。

お金に恵まれる人は、その反対。「動いている」状態がベースにあります。すぐに諦めない、やる気がある、未来に希望を持つ、自分でどうにかしようとする、時には仲間の力も借りるなど、常に進化に向かっているのです。

停滞感こそ、金運を下げる根源と覚えておきましょう。

風水は停滞感を払拭できる金運対策

では、どうすればお金に恵まれない原因となる停滞感から抜け出せるのか？

そのヒントが「風水」にあります。

掃除をしたり、片づけたり、色を意識したり……、一体、何をやっているかというと、環境に「変化」を与えることで、環境の「気」を動かしているのです。

気とは、簡単にいうとエネルギーのこと。

掃除や整理整頓をすれば、心地良い空間になりますし、換気をすれば、空気も新鮮になります。インテリアを変えれば、雰囲気も変化します。

環境の気が循環し、良い気で充満すれば、自分の心と行動に影響し、運気も動きます。自然にすべてが整うということです。

つまり、**風水は停滞した自分と運気から脱出するメソッド**。
自分が整えば、自ずと世界はうまくまわり出し、金運も上昇します。
古来風水が金運をつかむ最強の対策である理由は、ここにあるのです。

私自身も風水の実践を通して、運気は自分次第でコントロールできると実感することができました。

「**自分が動けば、金運は動く**」。それを表す言葉として、私が常々お伝えしているのが、孔子の言葉の一節をアレンジしたものです。

「人の運は皆ほとんど同じである。違いが生じるのは、それぞれの習慣によってである」
※孔子は「運」の部分を「本性」としています

実は「運（運気）」と「習慣」はとても密接に連動しています。
習慣は生きる姿勢であり、生きる姿勢こそが運を左右するのです。その姿勢のなかには、「どんな生活環境を選択すべきか」も、含まれています。

習慣の違いこそが運の強弱を決め、最終的に「人生の豊かさ」に影響するといってもいいでしょう。


持って生まれた宿命はもちろんあります。

しかし、金運は私たちに平等に与えられているのです。それをどうつかむか、活かせるかに注目してみてください。

繰り返しになりますが、**金運を動かす＝動くことが大事！**

では、自分はどう動けばいいのか？　具体的な風水の実践方法については、第4章からご紹介しますが、その前に風水のさまざまなメリットについてお伝えしていきたいと思います。

第 2 章

風水は運命を
思い通りにデザインする
最強の対策

風水のメリット①

風水は開運するための行動指針

なぜ、風水が運を啓《ひら》く開運指針となるのか。ここでは、はじめにや第1章で出てきた「宿命」を導き出す占術と、風水の違いを解説しましょう。

占いには大きく五術「命《めい》・卜《ぼく》・相《そう》・医《い》・山《ざん》」があり、そのうち三術が主に使われている占術です。

- **命術《めいじゅつ》…四柱推命、西洋占星術、九星気学、算命学、数秘術、宿曜占星術など**

  生年月日や出生時間を用いて生まれ持った宿命・運命を占うもの

- **卜術《ぼくじゅつ》…易経（周易）、タロットカード、ルノルマンカード、ルーンなど**

  偶然にあらわれた象徴を用いて、事態の成り行きを占うもの

・相術《そうじゅつ》…風水、家相、人相、手相など

形や目に見えるものから運命や環境の吉凶を占う

たとえば、あなたが恋愛関係に悩んでいたとします。

その際、「命術」では、自分や相手の性質、宿命から相性などの傾向を知ることができます。しかし、相手の気持ちが今後こちらに向くのかどうか？までは見通せません。

相手の気持ちの行方を、「卜術」のタロットカードなどを用いて占ったとしても、相手の気持ちそのものを変えることはできません。

ただ「相術」の風水は、あなたの希望を叶えるために、「運を悪くしている（下げている）」点を見つけ、改善方法を導き出すことができるのです。

あらゆる占術と比べて、風水の一番の魅力は、自分で変化を起こす方法がより示されていること。自分の行動で開運対策できるということは、自分自身で人生をより良くすることができるということです。

風水のメリット②

すぐできて最短数日で効果が出る

第1章でもお話ししたように、風水は簡単に言えば、環境に変化を与える（＝整える）ことで、停滞した運気と自分から脱出するメソッドです。

たとえば、掃除や換気をすることで、空気や水の循環を整えたり、色を意識したアイテムを利用することで、新たな気の流れを生んだりします。

ただ、時にこんな風水に出会ったことはないでしょうか？

黄金のアロワナを飼いましょう。

大きな振り子時計を置きましょう。

ひのきのバスタブにしましょう。

はっきり言って、できませんよね。そのための家を用意し、時間やお金をかけるなんて本末転倒。そんな無理な風水は提案しません。

本書では、実践しやすい風水を楽しんでいただけると思います。投資の勉強が面倒でも、家計簿をつけられなくてもOK。できるだけストレスなく、あなたのライフスタイル（習慣）に合わせて風水で潤いを与えられるように、アドバイスしたいと思っています。

それでは、風水を用いて、生活の場に変化を起こした場合、どれくらいで効果が出るものなのでしょう？

風水の効果は、早い人ですと数日〜数週間ぐらいで変化を感じます。新しい土地、新居や環境が大きく変化した場合は、遅くても2年〜3年ぐらいで根づいてくるので、そこから変化が出る人もいます。

なぜこれだけ差があるのかといえば、どの段階から風水を取り入れるかも重要だからです。

それでも、やってみる価値がありそうだと思いませんか？

風水のメリット③

みんなが見落としがちな風水の効果

「風水はお金を増やすのに一番おすすめ！」と言われても、正直、本当かな？と疑いたくなる人も多いかもしれません。

確かに、よく言われる、「金」をつかさどる方位の西に開運アイテムを置く、とだけと考えると、何も変わらないかもしれません。

しかし、目に見えるものは、人や物事に変化を与えてくれます。

無意識のうちに、感情や思考に変化が出て、「気」にも影響しているのです。

実はそれこそがポイント。

環境を変えることが自分の気も高め、その結果、開運できる。

であるならば、自分から気を高めることを同時に行えば、相乗効果を生む！

はじめにでもお伝えしたように、本書でお伝えしたいゆうはん流風水とは、この考えに基づいて「部屋・もの」といった住環境と自分の「マインド・習慣」の両面に変化を起こし、金運の引き寄せ力をアップさせるものです。

「節約より投資より、まずは風水を！」とお伝えするのには、風水の実践を積み重ねていけば、確実に自分にも良い効果をもたらすものであるということが大きな理由のひとつです。

頑張って節約して貯金するのも、頑張って勉強して投資をするのも、もちろんお金を増やすための選択肢として間違いないのですが、良い運気の流れに乗っていれば、その頑張りはもっと楽になるかもしれません。むしろ、自然にお金がめぐってきます。そして、その効果は何倍にも増える可能性があるのです。

そして、**風水には、環境や自分自身を整えることで、「自分が欲する本当の豊かさ」に出会える**というメリットもあるのです。

風水のキホン①

自然哲学を活かして繁栄する

風水を理解するために知っておいていただきたいのが、風水の根幹思想となる「陰陽五行説」です。これは、万物はすべて「陰」と「陽」から成り立つという陰陽説と、「木」「火」「土」「金」「水」の五元素に分類されるという五行説が合わさった自然哲学の思想です。

「陰」と「陽」は、相反する2つが変動を繰り返しながら、バランスよく存在する「中庸」を最善とします。五つの元素もまた、互いに影響し合いながら循環していくことを重視します。

風水には、それぞれの方位に五行の役割があるとし、方位に合わせて五行の性質を取り入れることで環境に変化を与え、強化するという考えがあります。「木」

は東で色は青、「火」は南で色は赤、「土」は中央で色は黄、「金」は西で色は白、「水」は北で色は黒と決まっています。

土地、家、インテリアなどに五行を当てはめて対策をし、運気を上げるというわけです。たとえば、五行の「金」のエネルギーは西をつかさどっています。つまり西側に金と相性の良い色や素材を置くことで、金運を強化できるのです。

五行説を表す図

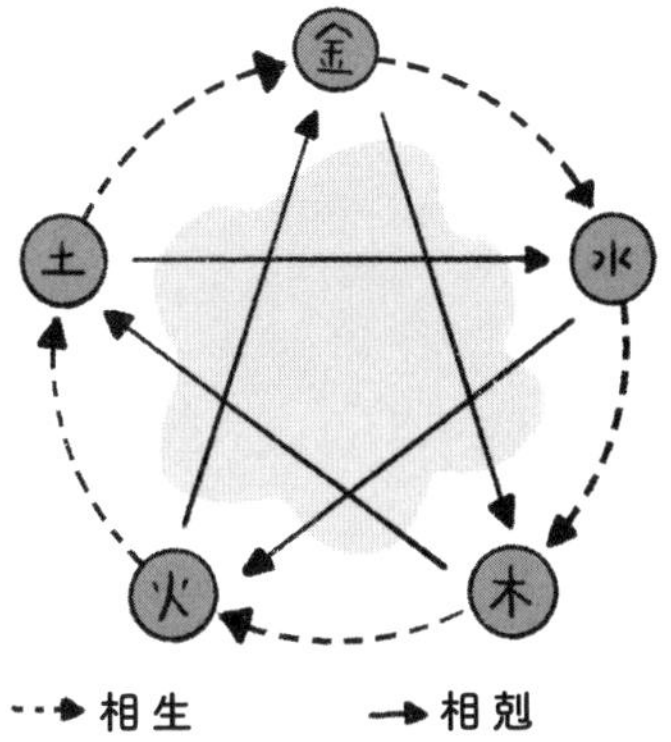

相生《そうせい》

相手を活かす関係を指す。金は水を生じ、水を吸って木は育ち、火は木によって勢いを増し、燃えた灰は土の養分になり、土の養分が固まり金を生じる。

相剋《そうこく》

相手を剋する関係を指す。水は火を消し、木は土の養分を吸って根を張り、火は金を溶かして抑制し、土は水の流れを止めて汚し、金（金属）は木を切り落とす。

風水のキホン②

お墓（一族）、国、家の開運法

風水の発祥は古代中国です。

体系化されたのは、ここ二千年のことですが、新石器時代（紀元前一万年から二千二百年）、ひいては言語がなかった時代から取り入れられていたともいわれています。

風水の始まりは、墳墓《ふんぼ》（お墓）のつくり方を示す「陰宅《いんたく》風水」です。

仏教伝来前の古代中国では、少数民族それぞれに信仰があり、祖霊崇拝の思想が主流でした。

「先祖供養をきちんとすれば、末代まで永続的に繁栄する」という考えから、お墓づくりはとても重要視されていました。

そのお墓づくりに用いられていたのが風水というわけです。

つまり、風水の思想は繁栄のためにあります。繁栄するためにお金は必須。起源まで遡れば、風水とお金の密接な関係は明らかなものです。

陰宅風水の次に、地形や地勢から目には見えない「気」の流れを読む「巒頭《らんとう》風水＝地理風水」が生まれ、国や都づくりに活用されていきます（56ページも参照）。

その後、方位盤などを用いて建物や道路などの方位から、気の流れを読み、家やものの形状も含めて住まいに活かしていく「理気《りき》風水＝陽宅風水」が生まれました。

風水の流派によって、これらの境界はさまざまですが、陽宅風水を日本に合わせて作ったのが「家相」です。家相は、主に家の形や間取りに特化し、現在はインテリア選びや色選びに活かすまで発展しています。

日本における都づくりにも、風水思想は用いられてきました。

推古天皇の時代に仏教とともに風水が伝来してきたといわれ、中国王朝「唐」

の都「長安」をモデルにしてつくられたのが「平城京」「平安京」です。この他、日本の神社仏閣や宮中祭祀《さいし》、古い歴史建造物なども風水思想の影響がみられます。

昨今、大ブームを巻き起こしたパワースポットやゼロ磁場なども、土地から発せられる「気」によって人々が引き寄せられている場所ともいえるでしょう。

風水は、自然と社会がバランスよく共存していくことを重要視している点で、環境学ともいえます。環境学は、地質・地理学、民俗学、さらには宗教思想ともつながっていき、そこに経済も生まれます。人間生活と環境は切っても切れない相互関係なのです。

また風水は、綿々と続く帝王学でもあります。もともとは皇帝や王様のためのものでしたが、王朝が滅びたあとは庶民にも広がっていきました。

つまり、**特別な人や選ばれた人のためだけにしか使われていなかった「気」を扱う開運法は、現在では誰にでも開かれ、常にチャンスが与えられている状況**といえます。
かつて都を、国を繁栄させた風水で、自分の運が啓けるとしたら、取り入れない選択肢はないと思いませんか？

風水の種類

陰宅風水（紀元前から）	お墓づくりの風水
地理風水	地形や地勢など自然の気から判断する風水
陽宅風水	方位や家やものの形状などから判断する風水
家相（大正時代から）	気学をベースに日本の国土や独自の住まい、暮らしに合わせ、方位を重視した風水
現代風水	風水思想を軸に、変化するライフスタイルに合わせて進化した風水

風水のキホン③

風水で目に見えない「気」を動かし運気をコントロールする

風水は目に見えない「気」を読み解き、「気」の流れを良くし、運気を高める対策です。

「気」は、言い替えるなら、パワーやエネルギーというイメージ。私たちは気でできているとも言えますし、気に脅《おびや》かされてもいるとも言えます。

良い気が充満していると言われるパワースポットに行ったり、雰囲気や状態が悪いものに対して「職場の気が悪くて……」と言ったりすることがあります。

誰々と「気が合う、気が合わない」いう言葉があるように、人と人とのつながりにおいても気は重要な存在といえるでしょう。そして私たちは、どんな気のなかにいたいかを、自分で選ぶことができるのです。

風水には、「気」の表現がいくつかあり、大きく2つに分けられます。

陽気（別名／生気・旺気《おうき》）

陰気（別名／死気・邪気・殺気）

この陽気、陰気は、家に生気があるか、邪気が溜まっていないか、このバランスをみるときに用いる用語です。

当然、陰気が溜まっている家は、家主の運気を下げます。風水師は、部屋を見れば、その家主の運気を読み取れるというわけです。

はじめにでご紹介した私の風水実体験では、住環境の気を良くするべく、さまざまな対策をした結果、運気が向上していったという実例です。

「運気」という言葉に注目すれば、「運」は「気」によって運ばれる。また逆に、「気」は「運」によって運ばれるとも読めます。

常に私たちのまわりに存在する、見えない気（パワー）を最大限に活かすことによって、運気をコントロールするのが風水対策なのです。

風水でお金が増えるロジック

「良い気」が満ちているとされる理想の場所は、山の地勢がよく、海、川、湖などの水脈や地脈（風水では龍脈とも言います）があります。

山の幸・海の幸といった自然の恵みが豊富な場所は、人が暮らしていくのに適しているため、自ずと人が集まります。

繁栄とは「人や世の中が勢いづく」ということです。それが、五穀豊穣、子孫繁栄、国家安泰へとつながるのです。

つまり、気がいい場所＝自然の恵みがある場所＝人が暮らしやすい場所＝繁栄する場所。

風水で良いとされる場所で都市が繁栄する理由は、そこにあるのです。

豊かさの土台には「自然の循環＝神の産物」がある。そして、私たちはその

なかで生かされているということを、自覚するのが大切ではないでしょうか。

風水という言葉にも豊かさのヒントが隠されています。「風」と「水」。これらの「気」の流れ（行方）をコントロールし、繁栄につなげていくのが風水思想です。風の流れがどこで滞ってしまうのかを見極め、滞りがちな場所に対策をする、水の流れが海に流れることなく途中で溜まり、澱《よど》んでしまう場所とならないように対策をする。

風水を取り入れるということは、単に「住みよい環境とは何か？」を求めていくだけでなく、自然の力の恩恵にあやかり、個々の生活を充実させることにつながっていきます。

そして、お金にも「気」があります。私たち自身も「気」を持っています。**お金の流れを整える、環境や私たち自身を整えることで、すべての気が高まり、運気が高まり、繁栄する**と考えているのが風水なのです。

「風水でお金が増える」というのは、実は一番シンプルで根本的な考え方ではないでしょうか。

住まいを整えることで自分のマインドと行動を整える

ゆうはん流風水は、目にみえる環境から、目にみえない環境まですべて整えることを目指します。相乗効果を狙えるだけでなく、この考え方が現代に沿う風水になっていくと考えているからです。

風水思想として普遍的な部分は揺るがないものですが、相術は変化を起こしてこそ活かされるもの。古代中国で生まれた国家レベルの風水のすべてが、二十一世紀以降に通用すると思えないことは多々あります。風水を、時代の進化とともに、私たちのライフスタイル（習慣）に直結するよう落とし込んでいく必要があります。

そのため、ゆうはん流風水では次の8つの視点を取り入れることによって、運を啓く速度を加速させていきます。

- **衣**（ファッションやメイク）
- **食**（食生活や健康）
- **住**（住まい）
- **心**（感情）
- **動**（行動）
- **術**（仕事や才能）
- **魂**（先祖や両親）
- **人**（対人関係）

このような整え方を、自分を中心とした曼荼羅《まんだら》図で表現しました（右記）。

今の時代に合った風水は住まいだけでなく、自分を整えることも大切。どんなに外面ばかりつくろっても、内面が伴っていなければ、風水効果は表れません。

「豊かになる」ということは自然に学び、自らを整えること。これがゆうはん流風水です。

神獣が守る「四《し》神《じん》相《そう》応《おう》」の土地が理想的

Column

地理風水の中に、「四神相応」という思想があります。東西南北の四方位にはそれぞれ神獣がいて、その方角を守っているというものです。

東は青龍《せいりゅう》で川、南は朱雀《すざく》で海、湖、池、西は白虎《びゃっこ》で大道、北は玄武《げんぶ》で低い山や丘が適しているとされ、四神を配した土地は、地勢が良く、繁栄する最良の地と考えられています。

引っ越しを考える際は、気に入った物件があったら、北に山、東に川（現代では道を川に見立てます）、南に海、池、または湖、西に道があるかをチェックしてみましょう。すべてが当てはまらなくてもOKですが、ほとんどが当てはまらない場合は避けるべきです。

下記は、四神相応を含めた良い土地の条件です。参考にしてみてください。

□北に山、東に川、南に海、湖、または池、西に道がある

□家の前がひらけている　□町に活気がある

□風通しが良い　□水はけが良い

□地盤が硬い　□地中に地下鉄や水路がない

□平坦で四角形　□平地で見晴らしが良い

第3章

中国のお金持ちが取り入れている風水と龍神の力

お金持ちのマネをすれば お金持ちになれる説

前章では、風水の作用・効用についてお話ししましたが、ここからは私があまり語ってこなかった、中国に伝わるお金持ちの常識をお伝えしていきます。

まず、**金運を上げたいのなら、お金持ちのマネをするのが中国流。**

日本では、あからさまに「お金持ちのマネをしてるんです！」という人は、品がないと思われがちなのか、あまり出会わない気がします。

しかし、中国は自分の希望、思いを大切にするお国柄。「自分ファースト力」が強い。自分の欲に素直な人たちが多いのです。

「マネをする」という行為は、実はとても本能的なものです。

「子どもは親の背中を見て育つ」といわれるように、私たちは幼少期からマネの達人です。多くの場合、親の価値観や言動が子どもに影響します。

資産家の家に生まれた子どもは、親と同様に豊かな暮らしを手に入れます。お金持ちの家に生まれてない自分は、「そもそもダメじゃん」と諦めますか？

いいえ、お金持ちのマネをすればいいだけです。

この章で伝えたいことはひとつ。中国のお金持ちの人たちが実践しているお金を増やす戦略です。

たとえば、豊かになるためにやっていること、考え方、お金との付き合い方。彼らだけが知っている、お金の法則です。どんどんマネて取り入れてください。

風水は古代中国生まれ。中国のお金持ちには、風水思想がしっかり根づいています。**お金持ちのマネをすることで、風水の実践力のアップにもつながり、自然とお金を引き寄せる選択ができる**ようになるでしょう。

古くから伝わる運を味方にするための教え

中国には古来、「**一命《いーみん》二運《あーるゆん》三風水《さんふんすい》四積陰徳《すーじーいんど》五読書《うーどぅしゅ》六名《りゅーみん》七相《ちーしゃん》八敬神《ぱーじんせん》九交貴人《じゅーじょうぐいれん》十養生《すぅーやんせん》**」ということわざ（言い伝え）があります。

中国の運の良い人やお金持ちの人たちは、これを積極的に学んで、実践しています。

一、命…命術（四柱推命など）を用いて自分の宿命・天命を知る

二、運…暦を用いて社会全体の流れを知り、自分の運勢・運気の流れを知る

三、風水…自分の命運を最大限に生かせる環境づくりをする

四、積陰徳…善行・徳を積み、社会や人の役に立つよう努める

五、読書…知識や知見や経験を積み重ね、常に学ぶ姿勢を大切にする

六、名…名前は生涯にわたって命運を左右する
七、相…相術を用いて身なりや外見にも気を使う
八、敬神…神様、先祖など目に見えない存在を信仰し感謝する
九、交貴人…人間関係を良好にし、運の良い人や人徳ある人と付き合う
十、養生…健康維持に努める

本来は、十で終わりではなく、十一、十二、とその後も続きますが、この順に実行していけば、人は必ず幸せになるという大切な法則です。

なかでも一から三は、四以降のほぼすべてに強く影響し、一から三を徹底して運を鍛えていけば、思い通りの人生を得られるとされます。

風水は、この三番目にあたります。幸せになるための基本的な方法と言えるでしょう。

まずは、あなたの運を悪くしている原因を風水を用いて取り除き、大難を小難に抑え、整えていくことが大切です。

お金持ちの人の部屋はどんな部屋？

お金持ちの人の部屋はどんな部屋でしょう？

私が鑑定などで見てきた彼らの部屋は、決して完璧ではありません。

隅から隅までピッカピカに掃除がゆきとどき、どの部屋も整理整頓がされていて、散らかっていることがない、というわけではないのです。

私が見てきたお金持ちの人たちの環境は、このような傾向でした。

・本や書類など、常に学ぶことが好きなことから、紙類が積み上がっている
・集中していると他のことは後回しにするため、デスクやデスクの周囲に不要なものが散らかっている
・好奇心旺盛であるゆえに、趣味やお稽古道具などがたくさんある

・何かに使えるかもしれない、もったいないと、とっておく癖がある
・収集癖の人やオタク気質の人も多く、趣味のコレクションが飾られている

完璧に綺麗ではないし、ものもあるけれど、自分の気持ちが乱れる部屋ではない。それが、お金持ちの人たちが保つ部屋（環境）だったのです。

つまり、自分の注力しているものに関しては、関連するグッズが多かったりするけれど、ゴミが散乱していたり、部屋全体が雑多だったりするわけではない。お手伝いさんや掃除代行を雇い、多くの部屋は常に清潔な状態が保たれている。好きなものに囲まれ、自分にとって心地良い状態になっているという印象です。

何が必要で何が不要か、何が自分を向上させて何が自分を停滞させるか。きっと、そんな線引きや取捨選択が部屋にも反映されているのです。

部屋の乱れは金運を下げる悪因

「部屋の乱れは心の乱れ」という言葉があります。
お部屋はあなたの心や脳内が反映された空間です。仕事が忙しかったりして、衣服はぬぎっぱなし、台所に洗い物が溜まるなど、心をなくす状態が続くと一気にお部屋は荒れます。

逆に、「部屋の整理は心の整理」につながります。
ただ、整理をするぞ！というところまで心の状態を持っていくことが難しく、散らかりっぱなしが続いてしまうこともよくあるでしょう。そうすると、集中力は低下してやる気が出ない、寝ても疲れがとれない状態に。

ものが乱雑になっていればいるほど、「気が乱れる」ので、さらにストレスが悪化します。

視覚的な刺激が多ければ多いほど情報過多となり、認知に影響を与え、処理能力にダメージが出ます。その結果、次のような状態が起こるのです。

・探し物がすぐにみつからない
・動線にものがあることによって動きづらい
・リラックスできない
・情緒不安定になりやすい
・人間関係がうまくいかない
・お金が貯まらない
・時間が奪われる

お金持ちは、たとえものが多くても、決してこのような循環に陥らないよう、セルフチェックを怠りません。部屋の状態は、自分の状態に直結していると知っているからです。

片づけ下手のお金持ちはどうしている？

部屋の心地良さを追求するほかに、お金持ちが追求しているもの。その答えが、片づけ下手な人のためのヒントになります。

答えは、「時間」です。

「**タイムイズマネー**（**時は金なり**）」といわれるように、時間の使い方が上手いか下手かで、その人が出せるパフォーマンスは違ってきます。

お金持ちは、この時間の使い方にとても長《た》けています。

自らできないこと、苦手なことは、得意な人にお任せする。それによって、余計なこと、煩わしいことに意識を向けず、自分にとって生産性の良いことだけに集中できるのです。時間を仕事や学びのために有意義に使い、そこからまた新しい発想や事業が生まれます。

お金持ちがしていることは、時間を有益に使うためにどうしたらいいか、を常に検討するということなのです。

片づけるのが苦手な人は、散らかった部屋で思い悩んでいるよりも、お掃除代行などにお願いすることをマネしてみましょう。

当然、経済状況も踏まえて依頼できるかどうかは考える必要があります。それでも、苦手なことをお願いする（投資する）ことは、お金持ちへの第一歩。信頼できる仲間や親族にお願いし、一緒に片づけるという方法もいいでしょう。片づけることは、それくらいの価値があります。

部屋がスッキリすると、現状の自分を見直すこともできます。新しい運を招き、あなたの金運を後押ししてくれる最初の一歩です。

お金持ちがみんな大好きな龍神の力とは？

中国のお金持ちの部屋に共通するもののひとつに、「龍」があります。龍の置物や龍がモチーフになったグッズが、必ずと言っていいほど飾ってあるのです。

昨今、日本でも龍神ブームが起こり、「龍神＝ご利益がある」といったイメージを持っている方も多いかもしれません。

「え、龍神って何？　知らないと損する？」という方のために、ここで少し「龍」についてお話ししましょう。

龍は、古代中国から伝わる神獣で、神秘的な存在として、古くからあがめられてきました。

山の尾根や谷の形状、川や湖、地下水の流れなどの「地勢」を表すとともに、水の中、地の中に住む自然神としても畏れられ、雷や雨、池、海、川などの水に関する自然現象や、天候を左右する自然の「気」のエネルギーそのものと考えられていました。

風水では、気の流れを「龍脈」、気が一番充満するところを「龍穴」と呼び、そこに都や家を築くと栄えるとされてきました。

つまり、**龍は、成功や繁栄の象徴。金運、仕事運、人脈運に成果をもたらす存在**なのです。

それこそが、「龍神」としてお金持ちに愛されるゆえんです。

また、中国で龍は、皇帝の象徴でもあります。私は幼い頃から「愛新覚羅氏」が龍の子孫であると教えられてきたこともあり、とても身近に感じています。

龍を、あなたの運の強力な守護神と考えてみてください。

次のページからは、龍神の力を引き寄せるための方法をお伝えしていきます。

目に見えない龍神を味方につける方法

前項では、お金持ちが愛してやまない龍神についてお伝えしましたが、本書が『金運龍神風水』である理由をシンプルに言えば、繁栄の象徴である龍神の力にあやかりながら、風水を実践していこうという提案なのです。

実は、龍神には、人とのご縁を運んできてくれる力もあります。

お金は人が運んでくるものでもありますよね。たとえば、千載一遇のビジネスチャンスや、あなたにとって本当に必要だったお得な情報が、人を介して舞い込むことがあります。ということは、**人と人をつなげてくれる龍神は、全方向で金運をバックアップしてくれる存在！**

では、どうすれば、龍神にサポートしてもらえるのか？

まずは、次の3つのことを意識してみましょう。

1、素直でいる

物事に対して斜に構えたり疑ったりせず、素直でいることは、お金を受け取る準備ができているということです。

実は、お金に恵まれないと嘆いている人のなかには、思い込みや猜疑心《さいぎしん》、罪悪感などから、自ら金運を手放してしまっている場合があります。それは、お金に対してメンタルブロックがかかってしまっている状態です。

たとえば、次のような人です。

・自己肯定感の低さから、「自分なんかがお金を多くいただいてもいいのか」と腰が引けてしまうといった、稼ぐ素質があるのに消極的になってしまう人。

・こんなにたくさんもらったら、あとから痛い目に合うのでは？と幸福を疑ってしまう人。

・お金を使うことに罪悪感があり、買い物をしても楽しいと感じられない、お金を使うことを楽しめない人。

・お金を儲けている人を蔑んでみていて、自分にその機会がめぐってきても否定的になってしまう人。

「もしかしたら、自分もお金に対してメンタルブロックがあるのかも……」と、感じる方は、一度ゆっくりお金に対する自分の考え方と、向き合ってみる必要があるかもしれません。

龍神は素直な人のところにやってきて、金運をもたらす。そのことを忘れないようにしましょう。

2、行動力を上げる

たくさんの方を鑑定してきたなかで、開運速度の速い方は必ず抜群の行動力があります。いくらアドバイスをしてもらっても、動けなかったら運気は変化しません。

風水が「気」を循環させる対策であるならば、動くということはもっとも重要と言えるでしょう。

龍神も常に流動的。その勢いに追いつけるくらいのスピード感を持って動ける人が、龍神は大好きなのです。

3、自分らしさを大切にする

お金持ちや成功者になるには、特別な能力が必要、圧倒的な存在にならなくてはいけない。そう感じている方もいらっしゃるかもしれませんが、龍神は決して特別な力がある人にだけご利益を授けるわけではありません。

人と比べたりせず、自分軸を持って平穏無事に過ごしている人を応援してくれます。それは、龍神には自然神ゆえの、ありのままの姿を愛する視点があるからです。

豊かになることは、何者かになったり、何かを成し遂げることではないと諭しているのではないでしょうか。

3つとも完璧に実践するのは簡単ではありませんが、心がけるだけでも変化を起こしてくれるはずです。ぜひ、意識してみましょう。

「有形資産」と「無形資産」をバランス良く持つ

「龍神のご利益にあやかる」といった、目に見えないものの力を信じることに、抵抗感がある方もいるかもしれません。

ここでは、なぜお金持ちがそういった価値観を大切にするかということを、資産運用にたとえてお話ししましょう。

お金持ちが運用に長けている資産には、2つのタイプがあります。

「有形資産」と「無形資産」です。

・有形資産＝目に見える資産

有形資産は、現金や預貯金、株式、投資信託などの金融資産、不動産や土地、車、貴金属、ハイブランド品、肩書きや資格などです。

・無形資産＝目に見えない資産

無形資産は、知識や教養、経験、人柄や才能、人間関係、健康、信頼、運、徳などです。

私たちは、つい有形資産ばかりに目を向けがちです。

しかし、**お金持ちは、必ずどちらの資産もバランス良く持っています。**

お金持ちは、無形資産で有形資産を生み出し、有形資産で無形資産を育て、増やすことができます。どちらかが欠けていたり、偏ったりするとバランスは悪くなり、豊かさや満足感を得られないことを知っているからです。

イギリスの産業革命以降、ここ三百年ほどは資本主義経済で世界はまわっています。有形資産が優位となる社会情勢が続いてきました。

しかし、時代は常に変化します。

実は、昨今いわれている「風の時代」（77ページ参照）は、無形資産が優位になる時代。
自然象意の思想でいえば、以前の「地の時代」の「地」は、有形資産を表し、「風の時代」の「風」は無形資産を表しているのです。

有形資産だらけで、それを活かす無形資産がなければ宝の持ち腐れ。
無形資産だらけで、それを活かせなければこれもまた宝の持ち腐れ。

どちらの資産も相応にあることで、最大限の豊かさとなっていきます。
金融資産がいくらあっても、タワーマンションや高級車、高級時計をいくら集めても、自分のためだけに叶える豊かさなんて、たかが知れています。家族と一緒に楽しむ、誰かのために、世界をより良くするために使う。そんなお金があることで、幸福感は無限大になるのではないでしょうか。

お金持ちは、この2つの資産運用を得意とする人たちなのです。

mini Column

風の時代とは？

私は、主に風水や四柱推命、易経など、東洋占術を扱いますが、運勢や時代の流れ、時勢の捉え方については西洋占星術の考えも取り入れています。

西洋占星術では、土星と木星の接近によって、2020年12月末から、それまでの「地の時代」から「風の時代」へと時代が移り変わったとされます。

220年ほど続いていた「地の時代」は、所有物、経済、権力など、目に見えるものを重視する時代でした。さまざまな産業が発達し、多くのものが開発され、資本主義社会が広がり、私たちのライフスタイルは格段に向上。結果、ものやお金などの有形資産をより多く持っているほうが豊かだという価値観がつくられた時代でした。

それに対し、「風の時代」とは、物質よりも精神性が重視される時代。ものを所有するより、手放して身軽になり、これまで束縛されてきたものから自由になり、自分らしいライフスタイルをそれぞれがつくっていく、無形資産優位となる時代のことです。これからは、「知恵や教養、情報、感性、人脈」など、目に見えないものに価値を置く無形資産が、新たな豊かさの基準になっていくでしょう。

お金持ちの「メンタル」をマネしよう

お金持ちの人は積極的で、社交性があって、ポジティブで行動力も抜群。明るく、トーク術があって、人を楽しませることができる人。

さらに、経営者や著名人のイメージから、お金持ちになる人はメンタルが強い。そんな印象から、「メンタルが強くなきゃお金持ちにはなれないんだろう……」そんなふうに思われている人も多いかもしれません。

確かに、お金持ちのメンタルは強靭そうに見えます。

しかし、私が四柱推命などで彼らの性質をみてみると、生まれつきメンタルが強い人ばかりではありません。きっと、さまざまな経験をし、運を動かし、成功を重ね、鍛え上げたものでしょう。

私が出会ったお金持ちの人のメンタリティには、国を問わず、次のような共通した傾向が見られます。

- **宿命や運命にあらがわない**
- **学ぶことが好きで成功後も学び続ける**
- **相手に期待をせず自分に期待をしている**
- **負けず嫌いで頑張り屋**
- **善悪（陰陽）のすべてを受け入れる**
- **見えないところで努力をしている**

無意識にしろ、意識的にしろ、60ページでご紹介した「一命二運三風水四積陰徳五読書六名七相八敬神九交貴人十養生」を実践しているのです。

素直に受け入れ、学びを深めて精進し、神仏や自然と共鳴共存していくことこそが、運を啓くことにつながります。そんなメンタルを少しでも心がけていきましょう。

金運をめぐらせる3つの力を知る

これまで中国のお金持ちが学んでいることや部屋の特徴、メンタル、龍神パワーなどについてお伝えしてきましたが、ここでは彼らが金運を動かすためにもっとも重視している、3つの力についてお話ししていきます。

お金は「天下のまわりもの」といいます。

陰陽思想において金は「陰」、五行思想では「金」と「水」となり、常に流れ、とどまらないことを「吉」とします。

お金を増やしたいのであれば、このお金の性質が発揮される「循環」を意識することが大切です。

つまり、金運のめぐらせ方が鍵となります。

多くの方がお金持ちの「お金の稼ぎ方」を学びたいと思っていますが、中国では、**お金の稼ぎ方よりもお金をどう使い、どう金運をめぐらせるのか、それを学ぶことを重要視する**のです。ポイントとなるのが3つの力です。

1、発財力《はつざいりょく》…財を成して使う力

私たちがお金を稼ぎ、お金を使うことを表します。

お金を生み出して循環させられるかが金運を動かす、もっとも基本的な力となります。

お金を稼いで使うことは、自らの力で報酬を得ることであり、それが評価として認識されるので、充実感が生まれます。

2、蓄財力《ちくざいりょく》…財を貯める力

「備えあれば患《うれ》いなし」とも言うように、お金を蓄えることです。

稼いだお金を常に浪費し、手元にない状態では、自己投資の機会を逃したり、いざというときに困ってしまったりします。蓄財力は、安定力と同時に投資力に直結します。

そして貯金が増えると、安心感が生まれます。

3、招財力《しょうざいりょく》…財を引き寄せる力

他の2つの力と異なるのが、目に見えない力が関わっている点です。

お金は、他力によっても運ばれてくるものです。招財力が強い人には福の神が舞い込み、人とのご縁をつなげてくれます。

ご縁や運によって財や富がもたらされることで幸福感が生まれます。

「**発財力、蓄財力、招財力**」、この3つが揃うと、お金はどんどん増えていくでしょう。それと同時に、「**充実感、安心感、幸福感**」が揃うことで、物質的な豊かさだけでなく、心も満たされていくのです。

ここで注意したいのは、3つの力を強化する順番です。

多くの方がやりがちなのが、とにかく招財力を高めようと熱心に取り組むけれど、発財力、蓄財力への関心、取り組みはなおざりというパターン。

発財力があることによって、蓄財力が生じ、周囲の人や目に見えない力の応援によって招財力が高まり、お金の循環の法則は完璧な動きとなっていきます。招財力は、発財力、蓄財力があってこそ。注力するのは最後です。


また、3つの力のパワーバランスも重要です。

発財力：蓄財力：招財力＝6：2：2

安心感を強く得たいという方は、発財力：蓄財力：招財力＝5：3：2にしてもいいでしょう。

ポイントは、ここでもまた招財力ばかりを強化しないこと。他力や運に頼ることも才ですが、神様にも、応援してくれた人にも、それ相応のお礼やお返しをしなければなりません。そのため、発財力、蓄財力が招財力よりも多くないと成り立たないということです。

この3つの力を備え、どんどん金運をめぐらせていきましょう！

金運をめぐらせる3つの力のチェックリスト

金運をめぐらせる3つの力を知ったところで、今あなたにどの力があるのかを確認してみましょう。

次のページから始まるA、B、Cタイプの各項目をチェックしていき、一番当てはまるものが多かったものがあなたのタイプです。発財力・蓄財力・招財力のどの傾向が強く、どの力を強化すべきかがわかります。

あなたが高めるべき力がわかれば、第4章から第6章の実践編を取り入れるにあたり、重視するべき章も明確になるでしょう。

Aタイプ

□働いて稼ぐのが好き
□好奇心旺盛で興味の幅が広い
□欲しいものは値段を気にしない
□安いからとつい買ってしまう
□嘘をついてもすぐバレる
□後先よりも、今どうあるべきかを考える
□頼れるのは自分だけだと思っている
□部屋がものであふれている
□クレジットカードを複数持っている
□投資運用に興味がある、学んでいる
□趣味が多い
□人にどう見られるかは気にしない
□好き嫌いがハッキリしている
□気分の切り替えが早い
□家族縁が薄い、自立が早かった

Bタイプ

□1円でも細かく計算してワリカンする
□ポイ活が好き
□お得や割引が好き
□漠然と将来が不安
□ひとりが好きだけれど寂しがり屋
□部屋にものは少ないほうだ
□節約を心がけている
□何かにつけて「高い」が口癖
□貯金が好き
□どちらかと言えば潔癖症
□コスパを常に考える
□人にどう見られているかが気になる
□現実主義、結果主義
□「自分ルール」がある
□親が厳しかった

Cタイプ

□お金に関してはどんぶり勘定
□片づけるのが苦手
□自分は運が良いほうだと思う
□衝動買いをしてしまう
□目に見えない世界を信じている
□不安や悩みから抜け出せない
□ネット通販やテレビショッピングが好き
□まわりの意見に流されやすく、断るのも苦手
□可愛いと思ったらすぐ買う
□宝くじが当たったらいいなと一攫千金を夢みている
□陰謀論が好き
□「１週間でやせる」など短期で結果を出せる話に弱い
□何かを始めても中途半端に終わることが多く、目標も特にない
□神社仏閣などパワースポットめぐりが好き
□実家暮らしが長かった、または今も実家暮らし

・Aが一番多かったあなた「金運発財力タイプ」

お金が入ってきても支出が多く、貯金が苦手な人が多いでしょう。

お金は動くものですから循環させるのは大正解ですが、今だけでなく将来のための計画も立ててみましょう。どこにお金が流れているのか家計簿をつけてみるなどして、収支バランスを見直すのもおすすめです。稼ぐことや、お金が増えることは好きなはずですから、その力を大切に、貯めていくことにも意識を向けてみてください。

金運を上げるには「お金の貯め方」を重点的に高めましょう。

↓第5章「蓄財力」を上げる金運龍神風水　実践編から始めるのがおすすめ。

・Bが一番多かったあなた「金運蓄財力タイプ」

お金があっても将来が不安で貯金にまわしてしまい、節約生活を重ねがちで金運は保守傾向にあります。

お金を貯められること、将来のために心がけることは素晴らしいのですが、それが過ぎると、今のあなたにとって必要な豊かさを得られなくなります。また、お金は動かしてくれる人のところに多く集まりますから、貯めこんで動きを停滞させないように心がけることが大切です。

金運を上げるには「お金の稼ぎ方と使い方」を重点的に高めましょう。

↓第4章「発財力」を上げる金運龍神風水　実践編から始めるのがおすすめ。

・Cが一番多かったあなた「金運招財力タイプ」

お金を感覚・感情優先で使ってしまい、増えるどころか、次の給料日まで持たないなど無計画状態にあるでしょう。

お金には困らない運を持っている人も多いのですが、そのせいでなんとかなる、願うことでお金を引き寄せられると、受け身に徹してしまう癖もあるようです。お金を貸してしまう、投資詐欺に合うなど、お金の苦労が多いことも。

お金が増えないと諦めないで、まずは「お金の稼ぎ方と使い方、貯め方」を重点的に高めましょう。

↓第4章「発財力」を上げる金運龍神風水　実践編、第5章「蓄財力」を上げる金運龍神風水　実践編から始めるのがおすすめ。

お金持ちが心得ている お金の価値とは？

Column

「お金持ち」と聞くと、どんなイメージを持ちますか？　タワーマンションに住んでいる、１億円以上の資産がある、高級車を何台も持っている……、などでしょうか。派手な暮らしを想像をしがちですが、私が関わっている大半のお金持ちの方は、ゆったりと優雅に暮らしているけれど、質素倹約という印象です。

昨今は、お金持ちの定義そのものが曖昧な時代になってきたようにも思います。お金や資産をたくさん所有していること＝豊かというよりも、必要なものを必要なときに手に入れられる、自分らしく生活できていることが豊かであると捉える人も増えてきています。

あらためて、お金の価値について考えてみましょう。私は、「お金がある＝安心感が増す」という考えが多くの人の根底にあり、安心感を得るためにお金を欲する、と考えています。もしかしたら、いくら持っているかが大切なのではなく、安心感を得るためには、どう生きるかを考えるのが、お金と向き合う際のポイントかもしれません。

風水対策を実践すると、充実感、安心感、幸福感も生まれます。風水を取り入れながら、自分にとってちょうどいい豊かさをぜひ見つけてみてください。

第4章

「発財力」を上げる金運龍神風水
――実践編――

発財

お部屋・もの編

1 西向きの部屋を選ぶ

西は発財をつかさどる方位です。西は太陽が沈む方位で、実りや収穫を意味することから、発財力アップの効果をもたらします。

西を強化すると、コミュニケーション能力が強化され、社交性が備わり、出会いが増えることでチャンスも増え、事業や商売が軌道に乗り、喜びや収穫(収入)が増えます。

五行では西＝黄色ではなく白(45ページ)。しかし、西に黄色は落陽の色(太陽が日没に向かうとき黄色く大きく光る)でもあるので相性は良いでしょう。

西に白を中心に、黄、金など、艶があって輝きのあるカラーインテリアを置く、サンキャッチャーで光を集めるなどをおすすめします。

風水は環境に変化をもたらすことで、その方位が宿すパワーを頂く術でもあります。発財を強化したい、稼ぐ力やチャンスに恵まれたい人は、積極的に実践しましょう。

西を強化して仕事運UP!

ゆうはん
Tips

発財力をアップさせる方向である西に、循環を促す水槽を設置するのもおすすめ。飼育するのは、淡水魚でも海水魚でもOKです。

発財

お部屋・もの編

2 漏《ろう》財《ざい》宅《たく》は絶対に選ばない

贅沢をしていないのに、お金が入ってこない、貯まらない人は漏財宅ではないかを必ず確認しましょう。

漏財宅とは、玄関に入り、一直線上に窓やベランダがある家のことで、せっかく良い気が玄関から入ってきても、外に漏れてしまう間取りです。このような家に住んでいると金運は下がり、浪費が多くなり、借金を抱えることもあります。

お金の管理が苦手な人には絶対におすすめしません。すぐに引っ越せないという場合は、玄関のドアと窓の直線上にドアがあるかを確認してください。このドアがあれば、良い気をとどめることができますが、ドアが開けっ放しでは意味がありません。留守にする場合は閉めてから出かけましょう。

また、ゴミ箱が多い家も要注意。ゴミ箱=穴とみなしますので、できるだけゴミ箱の数を減らしてお金が漏れるのを防ぎましょう。

ゆうはん
Tips

ドアがない場合は、パーテイション、のれん、縦長に伸びる観葉植物を窓と玄関の間に置いて対策を。窓に厚手のカーテンとレースカーテンを取りつけて二重にするなどし、良い気を漏らさないようにしましょう。

発財

お部屋・もの編

3 西にハサミや包丁、鋭角な家具やものを置かない

西は五行で円形と相性が良い方角。家具を置く場合は、鋭角なものよりも、角丸のものをおすすめします。

また、ハサミやカッターなどの鋭利なものは刃先が見えないように収納することで、西に入ってくる金運を切ることにつながりにくくなります。シュレッダーなどの粉砕するものも置かないようにしてください。

西にキッチンがある場合は刃物の影響を強く受けますから、包丁やキッチンバサミなども表に出しっぱなしではなく、棚に収納するようにし、刃先が見えないようにしましょう。同様に西にバスルームがある場合は、カミソリや小さめのハサミなどは使うときだけ出すように。

西にリビングやダイニングがある場合は、テーブル、クッションや椅子、ラグマットも角丸や円形、楕円《だえん》のものを取り入れるといいでしょう。

西に丸いものが吉！
西に刃物は厳禁

発財

お部屋・もの編

4 西にエアコンや空気清浄機を設置する

回転するもの、空気の循環を促すものを西に設置すると、お金のめぐりが良好になり、発財につながります。できれば24時間、ファンがまわっているほうが良いので、空気清浄機がおすすめです。

賃貸でエアコンなどが備え付けられている方位が西ではない場合は、西に窓があれば、定期的な換気だけでも有効です。

エアコンや空気洗浄機を設置できない場合は、ミニタイプの空気清浄機でもいいでしょう。西にバスルームやトイレなどがある場合は、換気扇を24時間まわすように心がければ、発財につながります。

夏に使う扇風機や、空気を循環させるサーキュレーターなども同様に、西に置きましょう。

循環が活発にあるということは、それだけ部屋の四隅に埃が溜まりやすいとも言えます。定期的に掃除機をかけたり、埃とりを意識していきましょう。

西の空気を循環させて金運UP

ゆうはん
Tips

エアコンや空気清浄機は、風ができるだけ人に直接あたらないよう設置しましょう。部屋全体に空気を循環させるため、部屋の奥に置けるとなお良いです。

発財

お部屋・もの編

5 金銀財宝を食べる貔貅《ひきゅう》を撫でる

「貔貅」とは、金銀財宝を食べる神獣で、中国では金運アップに絶大な効果を持つとされています。貔貅の面白いところは、金銀財宝を食べても吐き出す器官がないということです。

貔貅のアイテムは日本でも、インターネット販売などで気軽に購入することができますので、玄関や窓際など、部屋の内と外をつなぐ箇所に置くことをおすすめしています。

インテリアに合わない、できればあまり置きたくないという人は、小さめの貔貅を巾着袋に入れ、お守りとして持ち歩いたり、天然石のブレスレットタイプを身につけたりするのもいいでしょう。

龍神同様、貔貅もまた皇帝に可愛がられてきたことから、話しかけ、撫でてあげると幸運を呼び寄せます。

ゆうはん
Tips

お金持ちの華僑の間でも「一回撫でると運気アップ（運程旺盛）、二回撫でると金運アップ（財源滚滚）、三回撫でると出世する（平歩青云）」と言われて可愛がられています。

発財

お部屋・もの編

6 床の露出度を上げて綺麗に保つ

外から入ってきた「気」は、円を描きながら家の中心あたりに集まり、室内の気の流れと交わります。その際、部屋に溜まっていた埃や塵《ちり》は四隅に動き、床には邪気（ゴミや汚れなど）が溜まっていきます。

これらを放置しておくと四隅に邪気の結界ができてしまい、お部屋全体の運気を下げかねません。掃除機、拭き掃除で清浄に保つように心がけましょう。

特に玄関のたたき（土間）などは、外履きの靴の汚れが溜まってしまいます。定期的に拭き掃除をしておくこと、靴は出しっぱなしにしないことが大切です。

また、お金持ちの家を見てきて、床に直置きする家具類が少ない状態＝床の露出度が高い状態は金運に比例すると感じます。床面積が多いほうが圧迫感は軽減され、埃や塵も見えることから掃除もしやすくなりますし、動線も確保され、人にも動きが出ることから発財につながるのです。

お部屋の四隅も清浄に！

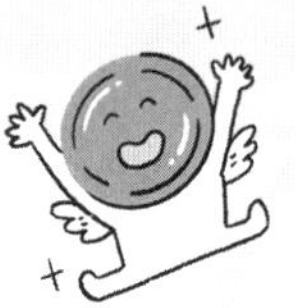

発財

お部屋・もの編

7 トイレのフタを必ず閉める

家でも外でも、トイレが終わったら、毎回フタを閉める習慣をつけましょう。トイレのフタが開けっぱなしでは、常に水が溜まった状態の湿気や陰気が広がります。これが、発財のめぐりを悪くします。

お金は「水」と縁起があり、水場が不浄だと金運は下がります。ご自宅だけでなく、外でトイレを使うときも心がけてみてください。

トイレの陰気を封じるためにおすすめしているのが、トイレのフタの裏の中心に黄色の丸いシールを貼ること。

黄色は陰気を封じ込め、悪い気を祓う力があります。トイレを明るく清浄に保つためにも、トイレの空間を明るい色でコーディネートしましょう。

また、トイレに長居することは厳禁です。トイレは汚物を流す場所なので、浄化の場でもあります。長居して過ごすための場所ではありませんので、陰気がつくまえに手洗いして出ましょう。

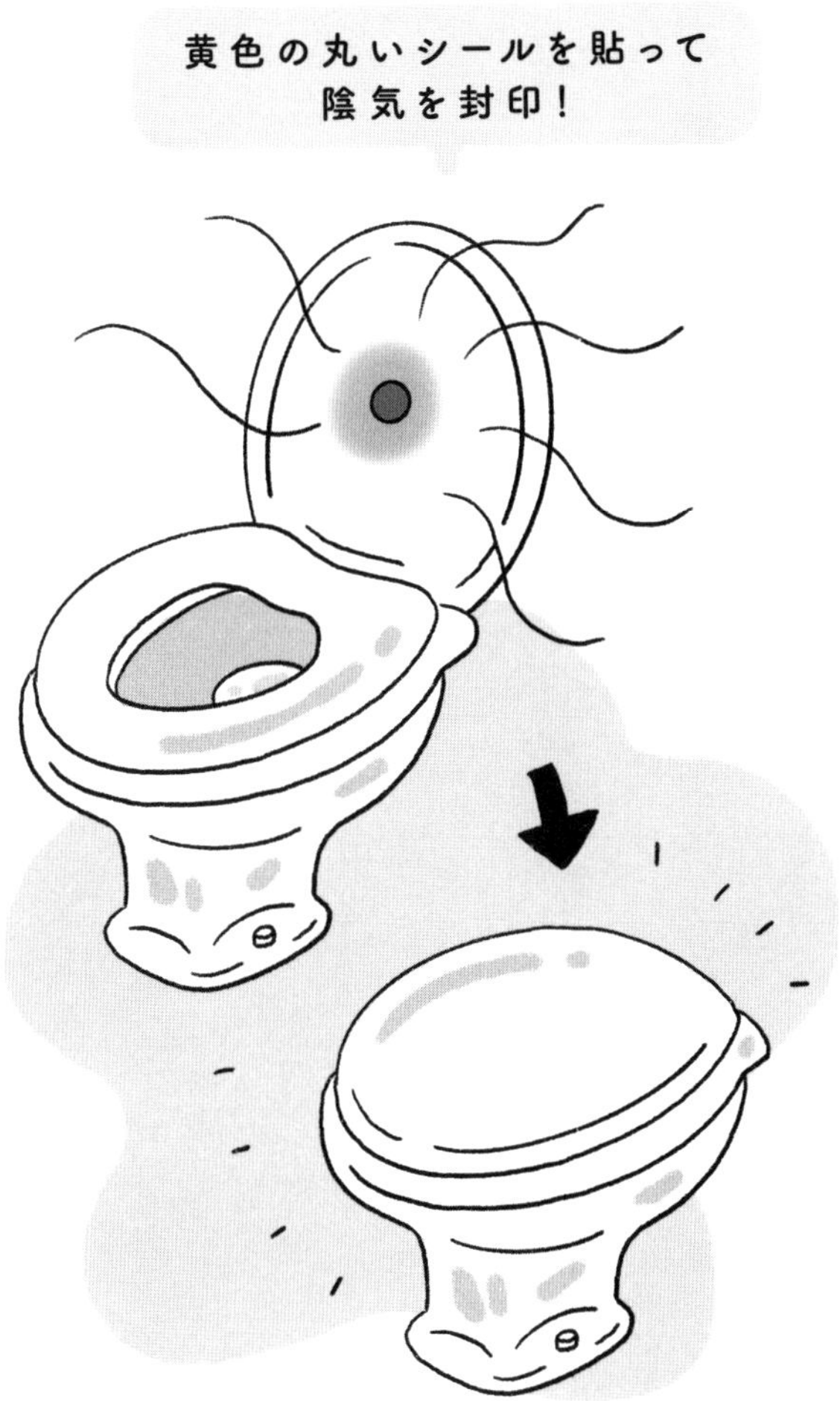

ゆうはん
Tips

トイレで漫画を読む、スマホゲームをするなどの習慣はありませんか？　リラックスできるかもしれませんが、金運の面ではNG行動なので、おすすめしません。

発財

お部屋・もの編

8 照明は明るく、お部屋全体も明るく

陽当たり良好な家は陽気＝旺気《おうき》が集まってきます。

窓が小さく陽当たりが悪い、隣のビルやマンションの陰になって暗い、カーテンで閉め切っているなど、陽気を遮断すると金運も下がってしまいます。そのため、遮光カーテンもおすすめしていません。風水では光を通し、集めることを大切にします。

今住んでいる家の環境が日当たりが悪く、暗い場合は、照明で明るくし、明るい色のインテリアを置くことで多少は改善できます。

光を集めて放つサンキャッチャーや、クリスタルガラス、鏡、陶器など、光沢や艶のあるものを置くことも良いでしょう。反射し、キラキラと光を放つものは発財を促します。

インテリアの形は五行の「金」と「水」と相性の良い、丸形や多面体、八角形や楕円、雫形や波形など、水を感じさせるような形状もおすすめです。

ツヤツヤ＆キラキラで明るく！

ゆうはん
Tips

暗くなりがちなトイレや玄関、日当たりの悪い部屋にもキラキラしたものを置くようにしてみましょう。

発財

マインド・習慣編

1 勇気のある人は資産を築ける

どんな環境や状況でも、勇気を持って挑む人たちは運を最短でつかんでいきます。お金持ちになる人の多くは、金銭的なリスクを冒す勇気が備わっています。さまざまな苦難を乗り越え、許容していくことで、発財が加速します。ここで、そのマインドがあるかどうか、簡単なチェックをしてみましょう。

質問です。「お金持ちの最後尾か貧乏人の先頭、どちらかひとつを選ぶなら、あなたはどちらを選びますか？　その理由はなんでしょうか？」

この質問は「ユダヤ人の教え」のひとつです。わかることは、「お金持ちの最後尾」を選んだ人は、お金持ちの仲間入りをする素質があるということ。「お金持ち」「貧乏人」「先頭」「最後尾」のうち、どのワードに反応するかが重要で、あなたが今持っている価値観や固定観念を反映するというわけです。

お金持ちの最後尾は勇気がいります。これから先頭に向かうための苦労や努力、不安を克服し、真っ向勝負するための勇気を持つことが大切なのです。

お金持ちの最後尾？
どっち？
貧乏人の先頭？

発財

マインド・習慣編

2

具体的にマネープランを立てる

発財を促すためには、人生のマネープランを立てることをおすすめします。経営者に事業計画があるように、私たち個人もお金の収支を計画するのが大切なのです。とはいえ、天災やパンデミック、社会情勢の変化など、生きているなかで何が起こるかはわかりません。そんな不測の事態も加味し、1年以内、または3年以内に達成できそうな現実的なマネープランを立てていくことが必要です。たとえば、

・来年はお給料・臨時収入を○○円アップできるように○○を頑張る
・スキルアップの資格を取得する
・貯金（蓄財）を毎月○○円する

など、今よりも向上する具体的なプランを考えましょう。それに到達するためには、どういうことを努力したらいいのか？　具体的なプランは行動力をアップさせます。動けば動くほど、龍神もバックアップしてくれるでしょう。

行動力UPにつながる！

3 素直であることを心がける

素直というと、疑わずにそのまま受け入れる、ありのままでいるなど、単純さをイメージする場合もありますが、私は素直＝自分を信じる力だと考えています。そして、素直な人でいることは、実は簡単ではないと感じています。

龍神に好かれているお金持ちの人たちは、「自分ならできる」と成功をストレートにイメージできる力があります。それはつまり、「自分を信じる力」でもあります。

お金は、素直な人のところに集まってきます。71ページでもお伝えしたように龍神も素直な人が好き。この人ならやり遂げてくれるかも、この人に頼めば良くなりそう、とイメージできるからです。

仕事の依頼が増え、経験を積み重ねることで社会的信頼も高まります。他の人には与えられないビジネスチャンスも芽生えるのです。それが最終的に自信となります。

ゆうはん Tips

素直になるためには、「許容範囲を広げる」ことから始めてみましょう。芽生えた気持ちに嘘をつかない、自分がどうあるべきかを常に考えて、自分で自分を信じられるように意識してみてください。

発財 マインド・習慣編 4

日常のなかで精神力を鍛える

精神力を高めていくことは、日々のモチベーションを上げ、仕事のパフォーマンスを上げ、発財力を加速させます。自分の気持ちのありようは、金銭的な豊かさにも必ずつながるのです。

私が考える精神力とは、忍耐力、適応力、やり遂げる力、そして、スルー力や何があっても動じない安定力など。

たとえば、一見すると、頑固な人というイメージだったとしても、適材適所で硬くも柔らかくもメンタリティを変化させることが上手な人＝精神力のある人と、私は感じています。

逆に精神力が弱い人は、感情のコントロールが苦手で、ネガティブな傾向があります。同じような失敗を繰り返し、周囲に流されやすく、最終的には誰かや、何かのせいにしてしまう人。執着が強い人も要注意です。

ゆうはん Tips

精神力を鍛えるには、マインドフルネスが有名ですが、瞑想、太極拳、合気道、読経なども◎。

発財

マインド・習慣編

5 職業や仕事の複数の柱を持つ

発財を生み出すには、お金を稼ぐ柱を増やすことも大切です。昨今は副業が可能な企業も増えており、本業以外の稼ぐ柱も持ちやすくなりました。

経営戦略では、収入の柱を複数持つことを「パルテノン戦略」といいます。これがダメでもあれがある、という具合に、万が一のときの備えにもつながります。

リアルだけでなく、インターネット上でも売買ができる時代です。ちょっとしたお小遣い稼ぎ感覚で始められることからやってみるのもありでしょう。龍神は行動力がある人のところにやって来ますから、まずは行動してみることが大切。

気をつけたいのは、すぐに稼げるといった甘い話や、詐欺ビジネスなど。ネットワークが発展したことで、悪い循環も生まれ、発財するどころか財を失い、罪に加担するビジネスも蔓延しています。強い光の陰は深いということを、覚えておいてください。

ブログで稼ぐ!
BLOG
アクセサリー
制作で稼ぐ!
本業で稼ぐ!

発財 マインド・習慣編

6 あさり、はまぐり、しじみなどの貝類を食べる

古代、貝はお金の代わりでもありました。お金の文化は中国が始まりといわれ、紀元前には貝をお金代わりに使っていた歴史が残っています。

お金や経済に関係する漢字には、ほぼすべてに「貝」がついています。本書でテーマにしている「財」はもちろん、買、貨、販、購、資、貯、贈、賭など、たくさんあります。風水的にも貝は金運を引き寄せるアイテムです。

あさり、はまぐり、しじみなど、貝類を日常的に食べることで発財が生まれます。酒蒸し、お味噌汁、炊き込みご飯など、日本は貝の恵みをたくさんいただくことができる国。豊かな象徴でもあります。

貝類が苦手な方は、パール、螺鈿《らでん》、夜光貝や黒蝶貝を使ったアクセサリーなど、貝の装飾品を身につけることで同じ効果を期待できます。

貝モチーフのファッションや小物を身につけ、パールが入った化粧品を使うことで発財パワーを引き寄せることができるでしょう。

貝類メニューで金運を引き寄せる！

ゆうはん
Tips

ちなみに、西太后はパール粉を煎じて飲んでいたと書かれた文献もあり、健康・美容にも良いようです。

発財

マインド・習慣編

7 歯並びや歯の治療をしっかりとする

中国では「歯＝お金（財産）」を表します。そのため中国では、もし虫歯があったり、歯に対して気になることがあったりする場合は、お金ができたらまっさきに治療するのです。

歯は私たちの生命を育む「食」と切っても切れません。よく咀嚼していただくことで消化の負担が減ります。人体で最もパワーを使うのが消化ともいわれていますから、歯が悪いと胃腸の負担につながるというわけです。

また、虫歯を放置すると菌が体内に入ってしまうことで病気を発症させるともいわれています。健康なくして発財なしです。定期健診をする、虫歯を放置しない、クリーニングをする、歯並びを治すなど、歯にお金をかけることはいとわないでください。

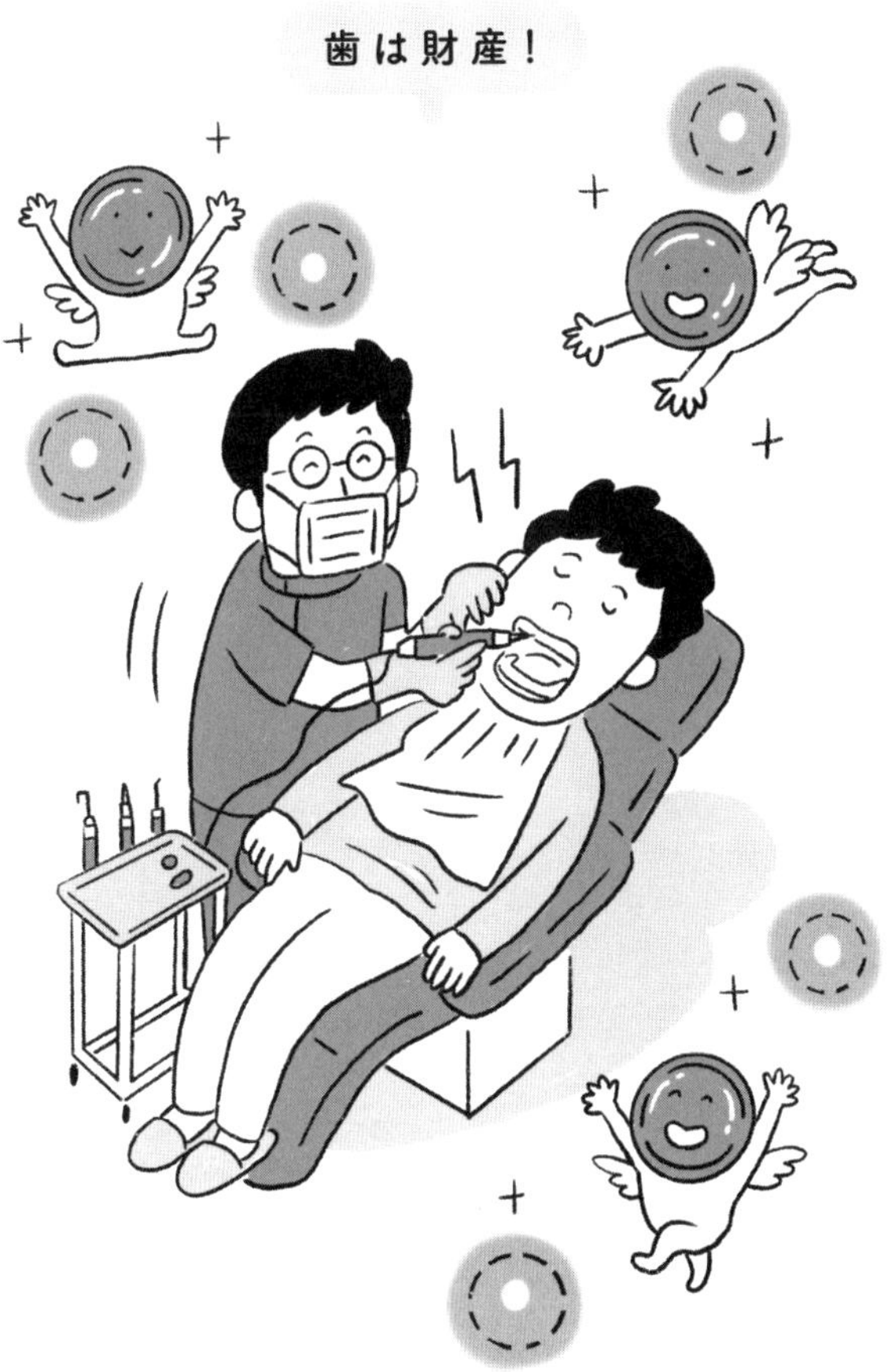

ゆうはん
Tips

中国の人相学では、歯が綺麗だと笑顔も美しいため、よく笑い食べる人には福が集まるとされます。笑ったときに歯茎ができるだけ見えないように、ガミースマイル対策をする人もいます。咀嚼だけでなく、金運にも歯は大きな影響があるのです。

発財

マインド・習慣編

8 お金を使って浄化し、めぐらせる

神社仏閣に行くと、お賽銭箱に「浄財」と書かれていることがあるのをご存じですか？　浄財とは、神社仏閣で「お金を払う＝お祓いをする」ことで、自分についた穢《けが》れを落とすという考え方です。

日々さまざまなところから穢れをもらってしまう私たちですが、神社仏閣に行きお金を払うことで、お祓いをしてもらっているということなのです。

浄財をすることで、穢れをためこまない、欲深くなりすぎないという神仏の世界観が反映されているように思います。死んでしまえば、お金はあの世へ持っていけません。つまり、現世で使い切る、もしくは誰かや何かに引き継ぐ必要があるもの。独り占めしないことが大切です。

率先してごちそうする、大切な人にプレゼントを贈ることで、お金は払ったら払った分だけ、またためぐってきます。もちろん、見栄を張る必要はありません。ご自身のできる範囲で、気持ちよく払うことで発財力を生みます。

お金を払って発財力UP！

発財
マインド・習慣編

9 自分の外見に潤いを与える

目、肌、髪、爪先と、清潔感があり、潤いがあると発財につながります。五行の「金」は「水」を生じるので、乾燥したところに金運はめぐってきません。第一印象は視覚伝達ですから、外見を美しく保つことを努力してみましょう。

そして、お金もまたモテる人のところにいきます。これは男女のモテだけでなく、〝人モテ〟も該当します。金脈は人脈から発生しますから、人に好かれるように意識することは大切です。

目…ドライアイに気をつけて小まめに目薬をする

肌…乾燥を防ぎ、ケアを怠らない

髪…パサつきを防ぎ、潤いのある絡まりのない状態に整える

爪…手はパワーの出入口。手洗い消毒、保湿し、ささくれができないようにする。さらに艶をプラスするネイルも吉。

清潔感を重視し、メイクでも潤い感を足すなど、意識してみましょう。

ウルウル＆ツヤツヤで過ごそう！

引っ越しで発財力アップ？
持ち家よりも賃貸で動く！

Column

発財力を上げるには、金運を循環させ動かすことが大切。住まいにおいては、一か所に長く住むよりも、賃貸物件に移り住み、環境に変化をもたらすほうをおすすめしています。

引っ越すことで運気をダイナミックに動かすことができ、発財にも良い変化をもたらします。また、昨今ではリモートワークが導入される企業が増えたり、ワーケーションを推奨したりと、働く場所の選択もしやすくなってきました。たとえば、吉方位に出かけ、その土地のカフェや会議室で仕事をすることも、発財力を高めることにつながります。また、賃貸であれば、転職や異動の際に対応がしやすく、その選択によって収入が増えることもあるでしょう。

風水対策の効果を最大限にしたい場合、「土地＋建物＋住む人」とすべてを網羅して対策を施すのが理想です。

土地のみ、もしくは建物のみ…地理風水、陽宅風水＋家相、それぞれの対策のみなので、効果が弱まることもありますが、住む人の対策をすることでカバーできます。

土地＋建物＋住む人…対策しきるのに時間はかかる分、最大限に長く風水効果が出ます。

地理風水について気になる方は、拙著『人生が変わる！住んでイイ家ヤバい家』（日本文芸社）も参考にしてみてください。

第5章

「蓄財力」を上げる金運龍神風水 ——実践編——

蓄財

お部屋・もの編

1 北西向きの部屋を選ぶ

少し風水を知っている方ならば、金運といえば、「西に黄色」というイメージをお持ちかもしれません。しかし、お金を循環させる発財と、お金を蓄える蓄財では方位が変わります。

蓄財をつかさどる方位は北西です。北西は天や太陽の力を宿し、神聖な場所として存在します。北西を強化すると、根気強くなり、決断力もつき、独立心も芽生えます。人間性が成長し、信用度も増すことから、最終的に蓄財につながるのです。

まずは、家の北西の部屋を整えることから始めてください。北西の部屋に神棚があるとなお良く、世帯主や家族のリーダー、蓄財を担当する人は、その部屋で長く過ごすのが◎。

引っ越しを検討している人は、リビングや書斎など、ご自身が長く滞在する部屋が北西に位置する間取りを選ぶようにしましょう。

決断するぞ!
人間力もUP!

北
北西
西
南西
南

蓄財

お部屋・もの編

2 お金持ちが住むエリアの中古の家を選ぶ

私が見てきたお金持ちの人たちは、新築を建てるより、昔から知られている富裕層が多く住む土地に建つ中古物件を購入している人が多い印象です。

「中古物件は……」と避ける人もいるかもしれませんが、歴史があり、伝統的であり、趣《おもむき》がある、と表現すれば、印象が変わるでしょうか。

資産家が多い地域は、その土地に長く住んでいる方も多く、新開発の地域よりコミュニティが強固で充実していたりします。蓄財を強化するならば、お金持ちが古くから住んでいるエリアの中古物件を選ぶのがおすすめです。

開発エリアに建つ新築タワーマンションなどは、一見魅力的ですが、買った直後から値下がりのリスクもありますし、その土地が今後どう発展するかはわかりません。

しかし、昔から知られている豊かなエリア、中古物件の良さは、過去から積み重なった信頼があるのです。物件探しをする際は意識してみるといいでしょう。

土地も家も豊かさの実績に注目！
昔から豊かな
土地の中古
開発エリアの新築

蓄財

お部屋・もの編

3 整理整頓上手になる

整理整頓や片づけが、なぜ蓄財につながりやすいのかというと、原理が似ているからです。整理整頓は必要なもの、不必要なものを振り分けること。この能力に長けているということはつまり、不必要なものにお金はかけず、必要なものを適切に選べるということです。

また、部屋の大きさ、ご自身のキャパシティなどの適正量「ちょうどいい状態」を知ってキープすることができる人は、お金との付き合いも上手ですし、人付き合いも上手です。

コップから水があふれてしまえば、豊かでも持て余すことになりますし、コップを満たすほどの水がなければ生気は生まれないからです。

風水ではものが多いことが「悪」とは考えません。そのものすべてに役割を与え、活用しているのであれば、問題ありませんよ。

これが私の適量！

4 北西に「お金を育てる壺」を置く

北西は蓄財をつかさどる方位。お金を入れて、お金を育てるイメージの壺を置くといいでしょう。

壺口は四角ではなく円形、陶器製か不透明のガラス製がおすすめです。大きさは、蓄財する目標金額の大小に合わせて選びます。

色は、北西と相性の良い白、黄色、サーモンピンク、シャンパンゴールドを。迷ったら白がおすすめです。青みのある白ではなく、黄みのある白にしましょう。床に直置《じかお》きではなく、棚上や机上に置くようにしてください。

帰宅して、お財布にある小銭をすべてこの壺に入れる習慣を心がけると、当然ながらだんだんと増えていきます。大きなお金を入れてもいいのですが、金属と相性が良いので、お札よりも小銭を蓄財するようにしてください。理想はフタつきですが、ない場合は、お金を入れた後に布などをフタがわりにかぶせておけば大丈夫です。

「お金さん大きく育ってね！」

ゆうはん
Tips

壺や花瓶がインテリアに合わない場合は、陶器またはガラス製の貯金箱を設置しましょう。

蓄財

お部屋・もの編

5 北西に鉱石を置く

鉱石の「金」は「土」の中で生じることから、陰陽五行思想において、お金は地中深く、暗く寒いところで育った鉱石と相性が抜群です。

風水では水晶（クリスタル）が最も万能で、北西に置くことで空間を整えるだけでなく、地中のパワーによって蓄財につなげてくれるのです。水晶、ミルキークォーツ、ローズクォーツ、ルチルクォーツが特に北西と相性が良い鉱石です。

研磨され、成形された鉱石もいいのですが、できれば結晶化している原石のままを飾ることをおすすめしています。加工や染め、紫外線照射で人工的な手を加えられていない、天然の鉱石を手に入れてください。

ただし、鉱石は古代より念が宿りやすいとされているため、手に入れる際は、どこで買うか、誰から譲り受けるか、ということも大切にしたい点です。

地中のパワーでお金が増える！

ゆうはん
Tips

水晶の仲間である、アメジスト、シトリン、アメトリン、スモーキークォーツ、モリオン（黒水晶）、タンジェリンクォーツ、レモンクォーツ、スーパーセブンなどもおすすめ。

蓄財

お部屋・もの編

6 北西に金庫や権利書、通帳を保管する

陰陽五行思想では、西の「金」は北の「水」を生じることから、お金は北西で育つとされています。お金は暗くて寒いところが好き。その条件を満たしやすい北西（正式には西北）と相性が良いのです。

水は金によって地上に現れ（砂金とりのイメージ）、金の表面には水が生じるというように、金と水は互いに相生関係にあります。北西にはそれが結果的に集まるだけでなく、さらなる金運につなげ、蓄財を強固なものにし、お金を増やしてくれるのです。

固定資産の権利書、株証券、預金通帳など、資産となるものは北西の部屋に保管しましょう。パスポートや身分証明、年金手帳や保険証書、実印や判子などの保管にも適しています。

金庫を北西に置くのもいいですし、北西に専用の鍵つきの棚を設置するのもおすすめです。

資産に関わるものは北西に！

お腹の高さの引き出しを選ぼう

ゆうはん Tips

- 資産を保管する棚は床に近い引き出しやスペースよりも、自分のお腹あたりの位置にあると◎。私たちのお腹には貯蔵した栄養を全身に運ぶための消化器官があるため、金運とも深い関係があります。

7 北西に百合の花を飾る

鉄砲のように花弁を広げ、生命力の象徴ともいえる百合は、丈夫かつ飾ると優雅な香りが部屋に広がります。そのことから、風水では部屋に溜まった邪気を祓うことにもつながる花とされています。

また、花形は良いチャンスの知らせを運んでくるともいわれています。

蓄財が苦手な方は、思考がクリアになりづらかったり、雑念が多い傾向だったりします。百合の力を借りて、雑念を払いましょう。

お花を育てる、水を替える、という行動は、管理能力の訓練にもなるので蓄財力の向上にもつながります。

百合を生けるときは、他の草花と一緒ではなく百合だけにして、陽数である「1本、3本、5本」程度を飾ることをおすすめします。

百合が苦手な方や、花を育てるのは向いていないなと感じる方は、百合の花の絵や写真を額縁に入れて飾るのも有効です。

雑念を払ってくれるアイテム！

ゆうはん
Tips

百合には毒があるため、ペットを飼っている方は実物を飾るのはやめておくのがいいでしょう。

蓄財

お部屋・もの編

8 快適な寝室をつくる

風水の考えでは、お金は地中深く、暗く寒いところで育ちます。この思想を私たちのライフスタイルに置き換えるならば、「睡眠」によって財を生むという見方ができます。

つまり、寝室を整えることが蓄財の最も近道といえるのです。寝ることは疲れを癒し、パワーと運気をチャージすること。快適な寝室づくりが金運だけでなく、全体運＝すべてのパフォーマンスにもつながってきます。

寝具や寝室で快適に寝るためにかかる費用は惜しまないほうが、蓄財につながりやすいでしょう。

特に、寝室は布類から出る埃や邪気を吸収しやすく、床にも溜まりやすいため、他の部屋以上に掃除や整理整頓を心がけてください。

音や匂い、温度や湿度の高低差なども熟睡を妨げる要因になるため、意識して睡眠の質を上げる空間をつくりましょう。

ゆうはん Tips

快適な寝室のポイントは?

□寝姿が鏡やテレビなどの反射物に映らないようにする

□電磁波を発する電化製品を極力減らす

□ドアの対角位置にベッドまたは枕がある

□寝具は小まめに洗濯する

□枕を北または北西の位置にする

蓄財

お部屋・もの編

9 クローゼットや納戸や引き出しのなかを整理する

お金は暗くて寒いところを好み、育ちますから、部屋のなかでも目が届きにくいところの手入れをすることが金運アップにつながります。

たとえば、クローゼットやタンス、棚の引き出しのなかは目に見えない箇所。これらを整理整頓したり、こまめに換気をすることは蓄財力に直結します。納戸、押し入れも同様に考えてください。

定期的に不要な衣類やものがないかチェックしましょう。片方しかないソックスや、2年以上使っていないものは役割をなさないので、積極的に処分しましょう。ただ捨てるだけでなく、寄付や、欲しい人に譲ることも手放す方法のひとつです。

収納物でパンパンになって扉や引き出しが開けにくい状態は、新しい良い運気を呼び込みにくいので、ものを増やしたときは、そのぶんだけ古いものと入れ替えるようにしましょう。

循環が大事！
OLD
OLD
NEW
NEW
処分する
新たに入れる

蓄財

お部屋・もの編

10 排水溝など水まわりを清潔に保つ

「金」と相生関係にある「水場」はすべて、金運と関係があります。特に、目が届きにくいところは、重点的に清浄に保つことを心がけましょう。

キッチンの排水溝、バスルームの排水溝はゴミや汚れが溜まると詰まりやすく、ぬめって水がスムーズに流れません。これを長く放置しておくと、排水管の劣化が早まることにもつながり、悪臭も漂います。陰気が邪気を生み出し、それを放置すると金運も下がってしまいます。水場はカビ類も繁殖しやすいので、定期的に排水溝の掃除をし、専用の薬剤で清浄にしておきましょう。

トイレもまた同様に、金運と深い関係があります。常に水が溜まっていますが、流すことで循環が生まれるため、詰まる心配はありませんが、古い建物の場合は、排管に問題があることも。悪臭がしたり、水漏れがある場合はメンテナンスが必要です。

詰まりは厳禁！
水場はいつもキレイに！

蓄財

マインド・習慣編

1 お金が貯まったときの自分を想像する

「想像できることは、実現可能なこと」と、私は常日頃からお伝えしています。

お金が貯まったら、あなたは何をしたいのかを書き出してみましょう。

たとえば、海外旅行に行く、理想の家を買う、欲しかった時計やジュエリー、バッグを買う、ラグジュアリーホテルに滞在する、など。

蓄財をしたことによってもたらされる豊かさ、そのときの気持ちも含め、想像して書き出してみてください。そして、書き出したことは、すべて実現することができると考えてください。当然、そのための努力は必要ですが、まずは蓄財ドリームを達成した自分を想像しながら、楽しむことで蓄財パワーを引き寄せていきましょう。

夢を叶えた自分は、きっとキラキラしていることでしょう。

龍神もまた、楽しんでいる人に力を与えてくれますから、こういった理想的なイメージを膨らませながら、蓄財を楽しむことが運気アップには大切です。

ゆうはん
Tips

その理想が本当に必要かどうか？という精査は必要ありません。「現実的には無理か」と感じた瞬間、ドリームキラーとなってしまい蓄財の実現も遠のいてしまいます。

蓄財

マインド・習慣編

2 根菜類を食べる

五行で「金」は「土」から生じることから、地中で育つ根菜類は蓄財力アップにつながります。

五行の「金」は白色、「土」は黄色ですから、にんじん、ごぼう、大根、じゃがいも、里芋、れんこん、さつまいも、カブなどが特におすすめです。

カレー、肉じゃが、筑前煮、きんぴらや煮しめをつくったり、面倒くさい方は、お味噌汁に入れて田舎汁のようにしたり。料理が苦手な方は、根菜の入ったお惣菜を買ってきてもOK。意識して食べるようにしましょう。

また根菜ではなくても、セロリやパクチーの根元部分なども蓄財力アップに。栄養価も高いことから、捨てずにきんぴらやサラダにするのが良いでしょう。

食べるときには感謝の念と、「蓄財力がもたらされますように」と願いながら土のパワーをいただきましょう。

蓄財

マインド・習慣編

3 最新のものよりも自分らしいものを選ぶ

新しいもの、最新のもの、流行のものを取り入れることは運気を活性化させる効果があります。

ただ、そういったものが自分に合うのかどうかは、また別の話です。最新のものでも、似合っていなければ意味はありませんし、活用できなければ宝の持ち腐れとなります。

五行では「土」より「金」が生じることから、土壌が悪ければお金は育ちません。私たちにたとえると、自分＝土壌だと思ってください。

そのため、自分を知ることは、お金を活かすことにつながります。土の養分で金が育ち、水を与えれば芽が生え、木となることで実をつけます。この実が豊作かどうかで収穫率が変わってきます。

蓄財のためにも、この循環を整えることが大切。自分の成長を木となぞらえ、自分らしさとは何か、自分を活かすものは何かを常に検討しましょう。

自分らしさを大切に！

ゆうはん
Tips

- 自分らしいものを選ぶのが難しいと感じる方は、周囲の人たちの意見を参考にしてみましょう。

蓄財

マインド・習慣編

4 お金の見直しをする

未来をより良くするためには、今を見直すことが大切です。

お金も同様で、今の見直しができるようになれば、未来を見据えての蓄財もできるようになるというわけです。

まずは、固定費、変動費ともに見直せるものを書き出してみましょう。そのなかで、できそうなもの、ハードルが低そうなものから優先的に取り組んでいきましょう。

また、補助金や助成金など、公的な援助が得られるものがないかを検索することも大切です。手続きは大変ですが、手順を踏めばお金がもらえますし、活用しない手はありません。

お金を見直すと、習慣の見直しにもつながるため、風水の効果が出やすくなります。習慣の見直しによって心にも変化が出ます。蓄財につながるライフスタイル、モチベーションアップになるでしょう。

やる気が出てくる！

蓄財 マインド・習慣編

5 節約は頑張りすぎない

お金とは、生まれてから死ぬまでの付き合いになります。一生の伴侶ともいえますから、関係性が悪ければ困難があり、良ければ喜びがあります。

実は、お金との付き合いのなかで幸福感を大切にするということが大切な視点といえます。

たとえば、節約をしすぎると、「あれもだめ」「これもだめ」と制約がかかり、ストレスとなり、楽しむ気持ちはなくなります。幸福感が減ると、蓄財力は下がってしまうのです。

節約することは悪ではありませんが、頑張りすぎて苦しい状態になるのは避けましょう。毎月5千円でも、1万円でも、自由に使ってもいい金額を決めて、羽を伸ばしに日帰り旅行に行く、美味しいものを食べる、エステに行くなど、お金を動かしてみてください。自分にご褒美を与えることで幸福感を増やし、また頑張ろうというやる気にもつながります。

自分にご褒美で幸福度UP！

蓄財

マインド・習慣編

6 お金に関するネガティブ発言をやめる

「なんでお金に恵まれないんだろう」と、常にナイナイと口癖のように言ってしまうことはありませんか？　お金に関することをネガティブに考えてしまうことは誰でもあるでしょう。しかし、それが溜まってしまうとお金への不満が口から漏れ、ため息も増えていきます。

中国で、「口とお金」は関係性が深く、弁がたつ人はお金が入ってくるし、ため息や不平不満が多い人はお金が出ていってしまうとされています。

口から出た言葉は現実化してしまうと意識して、できるだけお金への不満を漏らしたり、巻き散らかしたりしないようにし、日頃からネガティブな発言をしないように気をつけましょう。

呼吸をするときは、口呼吸より鼻呼吸をすることを心がけて。人相学でも口元がゆるく、口が開いてしまいがちな方はお金が出ていくとされています。

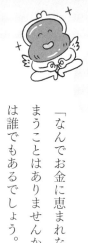

ゆうはん
Tips

口元の乾燥を防ぐケアをするのもおすすめです。「金」は「水」を生じますから、口元に潤いを与えることで凶作用を弱めます。マットなリップよりも、つやの出るリップが◎。

蓄財 マインド・習慣編

7 自然との一体感を感じる時間を持つ

第3章でお伝えしたとおり、龍神は神獣であると同時に、もとは自然の「気」そのものを表します。風水では、山の尾根、川の流れや海の波、空気や雲の流れ、地下水脈の流れなどを「龍脈」と呼び、それらの気が充満するところを「龍穴」とし、繁栄する地と考えてきました。

龍神＝自然と考えると、日常生活でも自然と触れ合う時間をつくることは龍神とのつながりを太くする習慣です。自然は、私たち人間を創生した万物のひとつでもあります。特に蓄財は自然の「地」のパワーをたくさんいただくことで活性化します。また、あなた自身のパワーチャージになり、浄化作用も働くでしょう。ゆっくりと深呼吸をすれば、自然＝龍神と共鳴しながらデトックスに。

海や川へ、山や森へハイキングに行くのも良いでしょう。時間がない、あまり出歩かないという方は、おうちでできるガーデニングや家庭菜園で「土、水、木」に触れる時間をつくってみましょう。

龍神と共鳴中！
地のパワーをチャージ！

節約しないほうがいい!?
お金を払って蓄財しよう

Column

無駄な出費を減らして、お金を貯めることは蓄財につながります。しかし、コストダウンがおすすめできないものもあります。

たとえば、洋服も小物もそうですが、安かろう悪かろうというような商品があります。耐久性がなく、買ってもすぐにお役目が終わってしまった、という経験をお持ちの方もいるでしょう。買い替えが発生して、結局無駄なお金を使ってしまうなんてことがないよう、長持ちするかどうかは見極めて購入しましょう。

特に、大型家具や長期的に使う家電は、お金を惜しまずに選ぶことで、ゆくゆくは蓄財につなげることができます。エアコン、冷暖房、空気清浄機、掃除機、洗濯機、テレビ、パソコンなどは、そのときの最新のタイプを選ぶようにしましょう。家具の場合、ベッド、ソファー、ダイニングテーブルや椅子は、毎日使うものです。耐久性に優れた素材のものを選ぶようにしましょう。メンテナンスをしながら長く愛用することで、確実に蓄財力を高められるでしょう。

第6章

「招財力」を上げる金運龍神風水
―― 実践編 ――

招財

お部屋・もの編

1 東向きの部屋を選ぶ

古代中国の風水は、天で起こる太陽や月、星の動きに合わせて、地を整えてきました。そのため、「陽」である太陽を重んじます。東は太陽が昇ることから、可能性やチャンスを授けてくれる方位とされています。東といえば仕事運を表す方位でもありますが、仕事はお金をつくってくれる手段のひとつです。仕事が恵まれることで新たな財や機会が生まれ、その波に乗って運にもあやかることができます。東は招財をつかさどる方位なのです。

東を強化すると情報にも恵まれ、決断力が高まり、発展を促します。良い出会いやチャンスが増え、出世や昇格につながります。東は五行では「木」なので青や緑、また太陽を表す赤やオレンジも相性が良い色です。長方形や縦長に伸びる形状や、ストライプ柄などのインテリアもおすすめします。

ただし、自営業の方は事業運が上がる西を強化するのが◎。会社員の方は、仕事運が上がる東を強化しましょう。

ゆうはん
Tips

- 自営業の方は事業運をつかさどる西を強化しましょう。西は「金」なので、白、金、黄といった色を取り入れたり、光沢のあるインテリアを置いたりするとより招財を促します。

招財

お部屋・もの編

2 玄関やリビングに弥勒布袋《みろくほてい》を置く

日本でいう弥勒菩薩のことを、中国では布袋または弥勒布袋といいます。同一の神ですが、弥勒布袋のほうが大きな袋を持ち、豊満な肉体に満面の笑みから、幸福や豊穣をもたらす神様として愛されています。風水でも、弥勒布袋を玄関または窓の近く、皆が集まるリビングに置くことで豊かさ＝財を招いてくれると考えられています。

弥勒布袋の置物はさまざまな素材でつくられていますが、金属、ガラス、陶器が特に招財につながります。カラフルな装飾よりも、黄色、金色、茶色など、黄色系の単色の弥勒布袋がおすすめです。

弥勒布袋の良さは笑顔にあると私は感じます。「笑う門には福来る」と言うように、弥勒布袋を近くに置くことで、励まされる感覚もあります。いつも見守ってくれそうだなと感じる場所であれば、玄関や窓まわり問わず、置くのも良いでしょう。

笑う門には福来る！

ゆうはん
Tips

お財布や通帳、宝くじなどのお金に関する保管場所に弥勒布袋を一緒に置いておくことで、財を招いてくれる効果も期待できるかもしれません。

招財

お部屋・もの編

3 東に鏡を置く

東は五行で「木」を表し、太陽が昇る方位です。東の部屋の高い位置に円形の鏡を設置すると招財につながります。できるだけ、ご自身が立ったときの頭の位置より上か、目線程度にしてください。頭の上に太陽が昇る（頂く）イメージで設置すると、より陽気のパワーを授かれます。

また、悪いものを寄せつけない邪気祓いの効果も期待できます。そのため、鏡は常に埃が溜まらないように清浄に保ちましょう。鏡面が汚れていると運気を下げてしまいます。

木は太陽の陽ざしを燦々と浴びて成長しますから、木製のフレームを選ぶとさらに良いでしょう。

気をつけたいのは、鏡面の方向。鏡は反射しますので、太陽の力を跳ね返さないように太陽が昇る方向に鏡を向けないようにしましょう。

陽気のパワーを鏡で集める！

ゆうはん
Tips

八卦鏡を設置し、鏡に気を集めて漏れないようにする対策方法もありますが、八卦鏡のデザインが部屋に馴染まない場合も。開運アイテムであっても、部屋と調和しない、ときめかないのであれば逆効果です。

4 東に仕事デスクを設置し、象の置物を置く

東は五行で「木」を表し、仕事運をつかさどることから、出世や昇進に影響があります。仕事をしていても、いつも効率が悪かったり、アイデアが思い浮かばなかったりする方は、ぜひ東向きに仕事のデスクを設置しましょう。素材は木製で、色は落ち着いたブラウンカラーが◎。

情報をつかさどる東の方位を活用するためには、不要なものを置いたり、書類や本などを重ねて放置したりしないように注意しましょう。

また、陶器やガラス製の象の置物をデスクに置くと招財を促します。風水思想で象は、仕事のチャンスをもたらしてくれる象徴。キーパーソンを引き寄せ、人間関係を良好にしてくれることから、さらなる財をもたらしてくれます。特に上司との関係性を円滑にしたい方にはいいでしょう。

置物が置けない場合は、パソコンのデスクトップを象の写真にするのもおすすめです。

仕事のチャンスが増えるゾウ！
東

招財

お部屋・もの編

5 東に観葉植物を置く

仕事がなければお金を引き寄せることはできません。仕事運をつかさどる東は、出世や昇進・昇給に影響があります。

五行で東は「木」、縦長に伸びる形状を表すことから、観葉植物を置くのに最も適しています。

種類は、アルテシマ、ディフェンバキア、幸福の木（マッサンゲアナ）、ウンベラータ、ツピダンサス、チャメドレアがおすすめです。

観葉植物を置く際の注意点としては、多すぎないことがあげられます。たくさん買ってしまい、お部屋がジャングルになってしまうのはNGなのです。

木は私たちにパワーを授けるだけではありません。過剰な場合には、逆に私たちのパワーを吸いとってしまいます。そのため、まずは一部屋にひとつで充分です。そのうち他の部屋にひとつ、またひとつ、というふうに植物を増やしていきましょう。

昇進・昇給を願って育てる！

ゆうはん
Tips

「すぐに枯らしてしまうかも……」と、心配な方は、育てるのが比較的簡単な多肉植物でもかまいません。観葉植物の写真や絵を飾ることで代用することも可能です。

招財

お部屋・もの編

6 椅子にこだわり、姿勢を良くする

体の軸がしっかりとしていて、姿勢の良い人にお金の運は集まってきます。自分自身をアンテナだと思いましょう。アンテナが曲がっていたり、折れかけていたりしたら感度が悪くなります。

立ったときはもちろん、座っているときも姿勢を保つことが大切です。普段、仕事で使っている椅子にも注目してみるといいでしょう。

座り心地はいいですか？　長時間座っていても疲れないでしょうか？

椅子は仕事道具のひとつ。私たちの仕事の効率をサポートしてくれるものといえます。できるだけ機能的で、座り心地が良く、良い姿勢を保てるものを選ぶようにしてください。

素材は木でも金属でも化学繊維でもＯＫ。耐久性のある素材が好ましいでしょう。最近は太もも部分の圧迫感を軽減する機能のついたタイプもあります。

椅子は、安価なものより、お金をかけたほうが良いアイテムです。

背すじを伸ばして感度良く!

招財

お部屋・もの編

7 東に龍の置物と水を置く

56ページでお伝えしたように、風水には四神相応地の思想があります。北に玄武、南に朱雀、東に青龍、西に白虎というように神獣が守っているとされています。東は青龍ですから、龍の置物を東に設置することで招財を促します。

中国での龍は日本でいう眷属神《けんぞくしん》のような存在。皇帝のペットとされる龍の置物も存在しました。そして、龍を育てる＝養龍《やんろん》、という風習もありました。たとえば、龍の置物の前にガラスや陶器製のカップを置き、水を入れてともに飾るのです。龍が水と縁起があることから、飲み水によって育つという思想を反映したものです。

龍の置物は、陶器、ガラス、木彫りがおすすめです。龍の他に、日の出を知らせる金の鶏の置物も◎。置物がなければ、龍の絵を飾るだけでもいいでしょう。

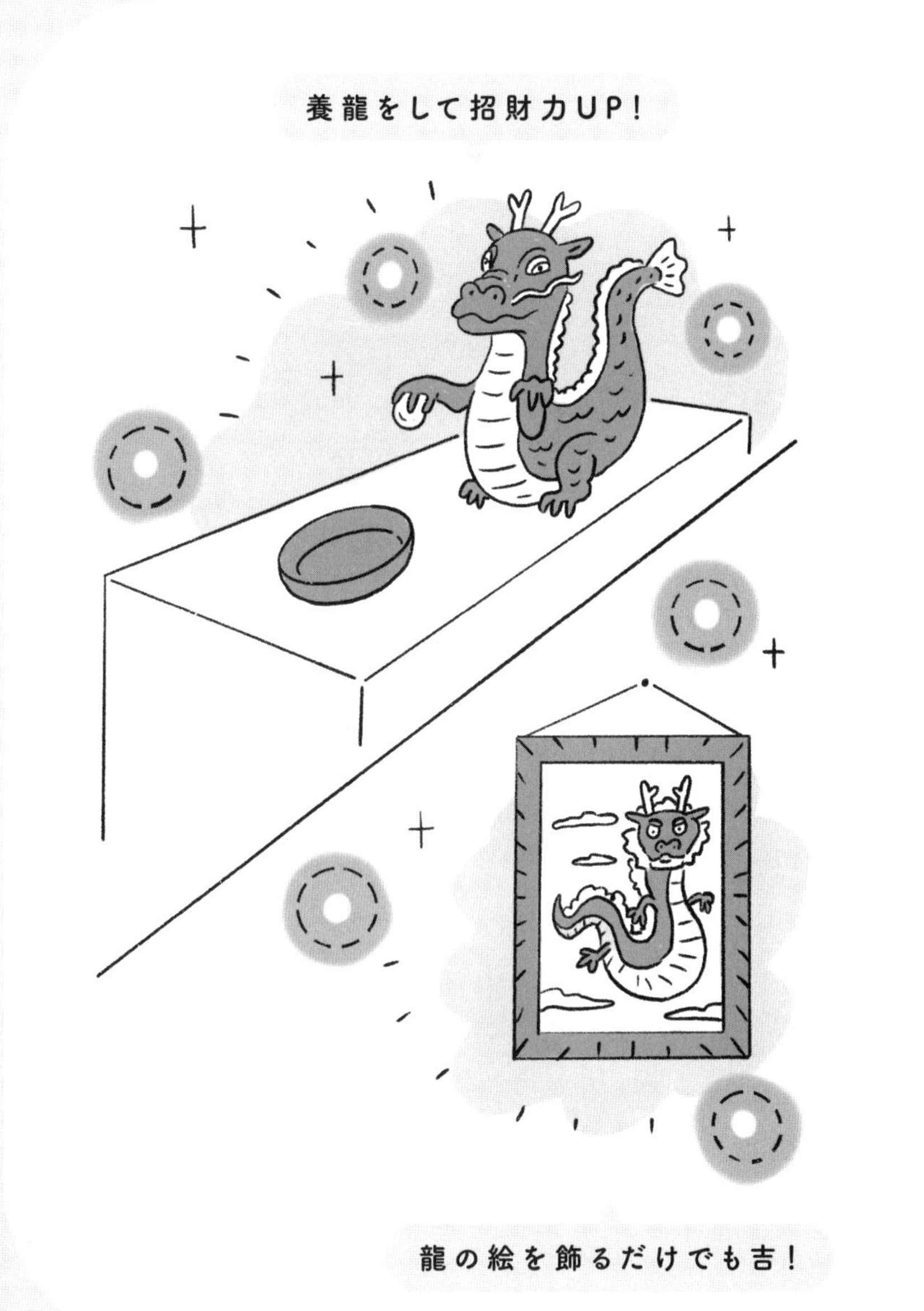
養龍をして招財力UP！
龍の絵を飾るだけでも吉！

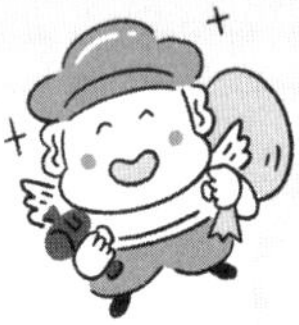

招財

お部屋・もの編

8 金運が上がる護符を飾る

中国の護符は、日本でいうお守りのようなものです。風水では玄関や気になる場所に貼るものですが、お財布やバッグの中に入れて毎日身につける護符などもあります。火除け札、魔除け護符など護符にはさまざまな種類があり、作用が異なります。邪気を封じ込める作用や願望成就、神仏の加護で持ち主を守る作用のものもあります。

実は、護符は自分で書くこともできます。ただし、書く前に必ず潔斎《けっさい》を行うことが大切です。潔斎とは身を綺麗にして神事にのぞむことです。書く日は吉日を選び、前日からお酒やお肉は控え、護符を描く時間は早朝がいいでしょう。身を清め、髪を整え結い、白衣を身につけ、部屋もまた清浄する必要があり……と、大変でもあります。

本書の巻末に、護符を長年学んできた私が書いた、金運が上がる護符を掲載していますので、ぜひ、切り取ってお使いください。

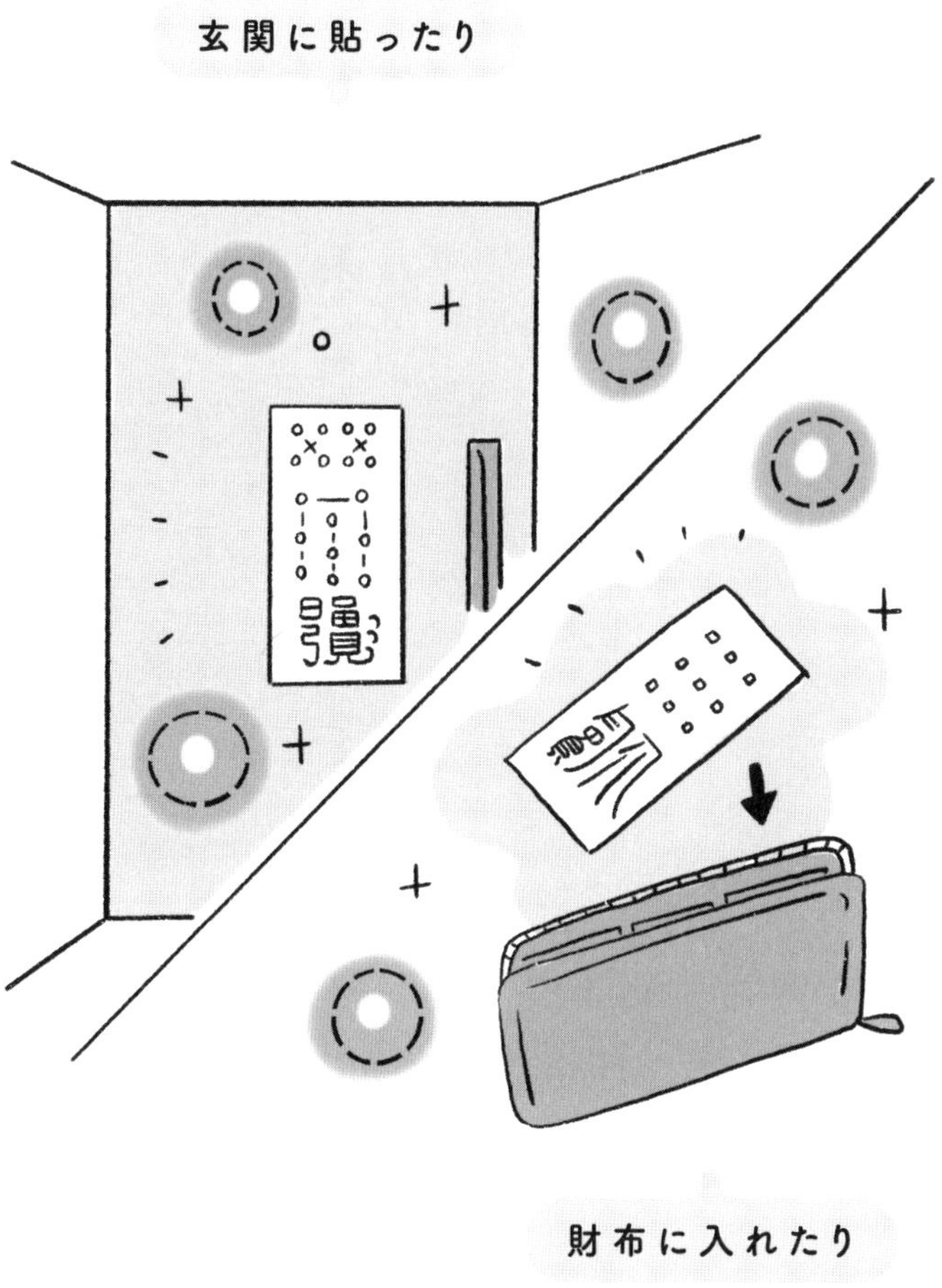
玄関に貼ったり
財布に入れたり

招財 マインド・習慣編

1 人と人とのご縁を大切にする

人を大切にする人は、人からも大切にされます。

これは異性間でも同性間でも同じ。ビジネスでも、家庭でも友達でも同じです。人と人とのご縁を大切にできる人は、経済的な成功を引き寄せ、何かあったときには、サポート（助け）を受けることができます。

人生をともにする配偶者選びは大切ですが、「この人はお金持ちだから結婚しよう」という依存の思考の先に、幸せの保証はありません。稼ぎがあっても、家庭にお金を入れない人もいます。最初は良くても、お金だけのつながりに心は満たされなくなっていく、そんな方々をたくさん見てきました。

結婚については、まず「自分がどうありたいか」を考え、経済的な問題は夫婦で協力し合えばいいのです。

就職においても、年収や福利厚生といった条件は大切ですが、どんな人のもとで働くかで招財にも影響が出ることを忘れないようにしましょう。

友達とのご縁に感謝！
夫婦のご縁に感謝！
仕事のご縁に感謝！

招財 マインド・習慣編 2

神縁仏縁を大切にし、お金を引き寄せる宝珠やお守りを手に入れる

神社仏閣で授与されている金運守りを持ち歩く、願いを叶えるといわれている宝珠を飾るなど、お金と縁が深い縁起物を手に入れることで招財力は格段にアップします。

お金と縁深い神様仏様たちは、「豊受大御神」「大物主神」「稲荷大明神（稲荷は眷属神）」「弁財天（銭洗いなど）」「毘沙門天」「恵比寿・大黒」「弥勒布袋」などが有名です。龍神、龍蛇神、蛇神もまた、商売繁盛だけでなく、私たちに恵みを授ける神様たちです。

そんな神様仏様が祀られている神社仏閣でお守りを授かりましたら、肌身離さず身につけるようにしましょう。

忘れないで欲しいのが、願いが叶ったら必ず御礼参りに行くこと。古いお守りは御納めし、新しいお守りを授かる、または御祈禱いただくと、よりご縁が深まります。

ゆうはん
Tips

宝珠は、ガラスまたは水晶などでできたものを部屋に飾りましょう。宝珠が刻印されたお守りや護符を身につけるのもいいでしょう。

招財 マインド・習慣編

3 占いを上手に取り入れる

適切な職業や仕事に就き、早いうちに才能に気づくことで、運気は加速します。そのための指標となり得るのが占いです。

「占いが先にあってはならない」と常に私は言っていますが、占いによって変わることのない生まれ持った宿命や天命を知ることで、これから先の運命をどう構築していくかの指標を得られるのです。

自分の宿命を知ることを怖いと思うこともあるかもしれませんが、アドバイスとなれば有益となり、より良い人生設計ができるでしょう。

ただ、占いで悪い予兆が出たときに、それを避けることをすすめてくる場合は要注意です。「動いてはいけない時期に動いてはダメ」ではなく、「動いてはいけない時期をどう過ごすかの対策を立てる」ことが大切なのです。

「あなたはこうだから！」と言いっぱなしだったり、脅したりするような占いを気に病むことはありません。

自分自身が見えてくる!

ゆうはん
Tips

占い師はこの人だけ!と鑑定先を絞る必要はありません。占い師にも得意不得意がありますので、仕事なら○○先生、恋愛なら○○先生など、分けて聞くのも◎。

招財

マインド・習慣編

4 生かされていることに感謝をする

生まれてからずっと孤独に育ち、一生誰とも接することがない人はいません。この世に生を享けるにあたっても、両親、先祖が存在しなければ自分は存在しません。そしてもっと広い視野でいえば、地球、宇宙が存在しなければ生命は成り立たないように、私たちは大きな力に生かされています。

お金に恵まれる人たちはいつも、「感謝」を忘れません。さまざまな経験をし、自分が生かされていることがわかると、紡いで支えてくれた人や物事の流れすべてに感謝があふれます。

もし、あなたがお金だったら、どんな人のところに寄っていきたいと思いますか？　いつも笑顔で感謝を忘れない人、お金を活かして使ってくれる人など、お金は周囲を喜ばせることに使う人のところに集まるものです。

あなたが財を招きたいなら、どんなことにも感謝の心を持って接するようにしてみましょう。そうすれば龍神もあなたを応援してくれるでしょう。

ありがとう

招財

マインド・習慣編

5 逆張りや違う視点を持つ

お金持ちの人のほとんどは、人と同じことをやるのではなく、人と違う視点があり、柔軟な発想力や奇抜なアイデアを持っています。

それを天才という人もいますが、私が出会ってきたお金持ちの方々の印象は、奇才という言葉が近い印象です。枠にはまらないとも言えますが、感受性＝直感に優れているというイメージです。

違った視点、柔軟なアイデア、センスや直感……、お金持ちが得意なことは、龍神が大好きなことでもあり、招財運を上げるヒントになります。

そんな要素を取り入れるためにおすすめなのが、いつもと同じルーティンを繰り返すのではなく、変化をつけること。新たな発見やチャンスに恵まれます。

招財運を上げるだけでなく、自分軸を持つことにもつながりますので一石二鳥です。

いつもとは違うことにチャレンジ!

ゆうはん
Tips

たとえば、通勤通学路をいつもと違う道や路線に変えてみる、夜型を朝型に変えてみる、部屋の模様替えをする、ヘアカラーやアレンジを変えるなど、すぐにできることでOK。変化は刺激となり、人間関係や運にも変化をもたらします。

招財

マインド・習慣編

6 吉よりも凶をとって吉を招く

「吉と凶」、あなたなら、どちらを得たいと思いますか？

ほとんどの方が「吉」と答えるでしょう。「できるだけ吉事が続き、凶事がなくなればいい」と思うのは至極当然です。悪いことは避けたいし、良いことだけを受け取りたいものです。しかし、物事には陰陽、吉凶、両方あり、互いが存在していることを念頭に置かなければ開運は叶いません。

たとえば、吉ばかりとっていると同じ比重分の凶が水面下で溜まっていきます。最初に楽をして、後で苦労するか、最初に苦労をして後で楽をするか、極端ですが、開運の基本である陰陽思想は単純明快に問いかけています。

お金の苦労をした人が、将来できるだけお金の苦労をしないように努めるように、最初に凶の経験があることで、吉と転じ招財となるのです。楽なほうを選ぶのではなく、苦労＝試練が多い方を選べば学びとなり、肥やしとなり、未来に起こる可能性のある凶を実質回避できるというわけです。

陰と陽は同じだけめぐってくる!
合格
合格
急がば回れ!
苦あれば楽あり!

招財

マインド・習慣編

7 文化・教養を高める

文化・教養を高めることは、心の豊かさにつながります。心の豊かさは感受性を高め、感覚が冴《さ》えていきます。感覚が冴えると招財運も高まります。また、教養が身につけば、品性も高まり、さまざまな困難が訪れても上手に解決できるようになるものです。品性は、生まれつきの環境や親からの教育で身につかなかったとしても、後から自分で身につけていくことができるものです。

幅広い知識や経験を持てば、交流や交渉の現場では間違いなく有益となります。この人は教養があり、マナーもあるし、ユーモアもあるとなれば自然と人が集まってきます。あなたの教養を自分も得たいとなるからです。そして、人が集まってくればお金も集まってくるものです。

美術館や博物館や展示会に出向いてアートや文化を楽しむ、習いごとを始める、講座やセミナーに参加をして知識を得る、読書を楽しむなど、ご自身の可能性や視野を広げるためにやってみましょう。

自分に投資しよう！

学びを深め続けよう！

招財

マインド・習慣編

8 信仰心を高め、伝統精神を重んじる

自分を信じる力は、自分のなかに宿っている先祖の魂を信じることにつながります。両親、祖父母、そのまた先祖。宇宙から生命体として紡がれてきたわけですから、それらすべてを信じて許容していることになります。

すべてを許容すると、豊かさの基準も変わってくるでしょう。そして、目に見えない力に動かされている（恩恵や影響を受けている）ことにも気づかされます。この気づきが早ければ早いほど、招財パワーが強くなります。

そして、この自分につながるものへの信仰心は、外にも向けると吉。

神仏はもちろん、社会情勢、現世における人間関係、尊敬して憧れる偉人など、たとえ現状でさまざまな不条理や不平等を感じても、蔑むのではなく和の心を持って愛することです。

招財運は、お金を招くだけでなく、心や魂の豊かさをも招いてくれます。どちらの豊かさも手に入れることで、さらなる豊かさへと向かっていきましょう。

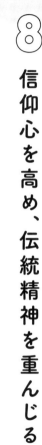

和の心ですべてに愛を…

招財

マインド・習慣編

9 社会奉仕や慈善活動を心から行う

186ページで触れたように「私たちは生かされている」ということがわかれば、お金をどのように使うと有効的かも見えてきます。

死んだら持っていけない物質的豊かさは、現世で消費する必要があります。その消費の仕方で、人徳がはかられます。

招財は、目に見えない財運を招くことですから、目に見えないところで奉仕をすることが大切になってきます。誰かに言われたから、あの人がやっているから、ではなく、自ら率先してやることです。

中国では「功徳」＝「徳を積む」と言い、社会や人のためになる善行を積むと恩恵があるといわれています。社会奉仕、ボランティアなどの慈善事業、神社仏閣に寄付をするなど、徳を積む方法はいろいろあります。功徳に対する恩恵は、現世でもたらされるかもしれませんし、来世かもしれません。自分にめぐってこなくても、子孫や誰かのために反映されることもあるでしょう。

無私の心で功徳を実践しよう!

ゆうはん Tips

恩恵がいつになるのか、「これだったのか?」と自覚するには経験上タイムラグがあります。

人が運んでくれたご縁を受け取って招財力アップ

Column

待っているだけでは、「ご縁」も「お金」も動いてくれません。日ごろから人との交流を積極的にしていると、あるタイミングでチャンスがめぐってくるものです。人からの紹介などで、直接収入につながるご縁をいただくこともあるのです。

そこで大切なのは、「自分なんかにできるかな……」と引き下がらずに、どんなご縁でも「ありがとう」と素直に受け取ってほしいのです。受け取り上手になるということは、人が運んできてくれた目に見えない「ご縁」を大切に誠実に扱うということ。人からの信頼度も上がります。

また、人があなたの眠っていた新たな才能を発見してくれることもあります。すべて自分の価値観で動くのではなく、「こういうのもいいんじゃない？」と言ってくれた提案も素直に受け取り、実践してみましょう。新たな可能性が開けば、運も啓き、結果的にお金を招くこともあります。

誰かに自分の才能を見つけてもらうためには、普段から自分の好きなこと、興味のあることを周囲にアピールしておくことも大切。たとえ、光るものを持っていたとしても、埋もれて、その存在に気づいてもらえなければ、何も始まらないからです。

第7章

財布からお墓まで8つの悩みを風水で整える

Q.1 本当のところ財布はどんなものがおすすめ？

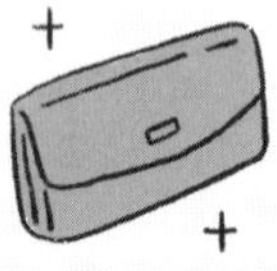

財布はお金を育て、増やしてくれる役割があります。発財と招財の作用が強く出ますし、常に持ち歩いて一日一回は財布を見たり、開けたりするため、金運を上げるためには重要なアイテムです。

開運財布は次の通りです。アップデートを検討してみてください。

財布は2年から3年で買い換える

財布の寿命は意外と短いものです。お気に入りの財布で長く使いたい場合は、2、3年使用したら綺麗に整えて箱にしまっておきましょう。その際に新しい財布を使い始め、またお気に入りの財布に定期的にチェンジすることで金運の循環が生まれやすくなります。

シミ、傷、穴、色はげ、角スレなどの汚れが目立つものは捨てる

汚れは穢れです。さまざまな人を介して循環しているお金には、ただでさえ穢れがしみついているものです。出し入れする頻度も多いことから、消耗が激しく、バッグに比べて汚れも目立ちます。潔く捨て、新しい財布にしましょう。

お札と小銭は分けたほうが良い

お札は紙ですから五行では「木」、小銭は金属ですから五行では「金」を表すことから互いに相克の関係（相性が悪い）となります。同じ財布でもお札入れ、小銭入れと分かれているもの、もしくはお札用、小銭用と財布を分けましょう。

長財布でも折り財布でも使い勝手を重視

金運アップに直結しやすいのは、お札を折らないで使える長財布です。大きく中身が見えやすいので目も行き届き、管理しやすく、出し入れもしやすいからです。しかし、昨今はキャッシュレス化が進んでいることから、長財布に固執する必要はありません。折り財布や、スマホも入れられる財布など多種多様にありますので、使い勝手の良いものを選びましょう。

扇状に開く財布

ファスナーやガマ口を開くと財布の内側の折りがジャバラ・扇状になる財布は、お金が最も好きな形状です。中国で扇は豊穣を招くとされています。開きの悪い財布や、小銭が取り出しにくい形状などは避けましょう。

開閉部分や装飾品が壊れている財布は捨てる

開けるときにファスナーがかむ、スムーズに開かない、財布についていた装飾が壊れているなど、お金と相性の良い金属類に不具合が起きた場合はお気に入りでも捨てましょう。修理をし、再生できるようであれば問題ありません。

本革の財布でお金の循環を良くする

布製やナイロン、ポリエステルや合皮などの財布がダメなわけではありませんが、天然ものの本革はお金を活かします。使っていくと味が出て、本革は適度に伸びることから、お金が育つと考えられています。

赤い財布は発財力あり

よく赤い財布は「赤字」を表すから避けるべきといわれますが、中国ではむしろ縁起の良い色で、お金を増やすとして重宝されています。赤は発財効果が抜群。とはいえ、蓄財力を上げたい人が使う場合は、お金が循環しやすくなるため注意が必要です。無難な色は、紺、黒、紫、茶色です。

自分より運が良い人・お金持ちの人に財布を選んでもらう

財布を自分より運が良い人、お金持ちの人、お金のめぐりが良い人から譲り受けたり、プレゼントでもらったりすることで、その人の運にあやかることができます。そういった機会に恵まれない場合は、財布を選んでもらうだけでも◎。選んでもらったものを自ら購入しても効果はあります。

Q.2 宝くじに当たる風水ってあるの？

宝くじは「無益なことに価値を見出《みいだ》す」行為のひとつです。

当たるかどうかわからないものにお金を賭けるわけですから、有益には見えません。

しかし、買わなければ当たらないとも言えます。

これは宝くじだけに当てはまるわけではないですが、無益なことにこそ価値を見出すことができる人は、有益なこともめぐってきやすくなります。

たとえば、一名の当選枠に一万人の応募がある懸賞は「無益なこと」に見えるかもしれません。

運を活かせない人は、一万分の一の確率なら到底当選するとは思えませんから、最初から応募するのを諦めます。

しかし、運を活かす人はそうは考えません。当選確率が一万分の一でも、百億分の一でも、その一枠に自分は選ばれる可能性があると信じ、価値を見出すのです。

実際に当選している人がいるわけですから、運を活かす人はこのようにして積極的に動いてチャンスを手にしています。

良いことがあったら、もっと良いことが起きると信じます。うまくいかなくても、次は良いことが起こるだろうと考えています。

私のまわりの宝くじ高額当選者の方々は、このような思考をお持ちの方が多くみられます。そして、数多くの枚数を購入しているわけではなく、コツコツと定期的に買える範囲の枚数を買っているそうです。

これは「招財」の典型的な例でもあります。

こうすれば当たる！という方程式はありませんが、できる範囲で地道に「次は当たるかも！」とポジティブな気持ちで買うことが、当たるスタンスといえるかもしれません。

パチンコやスロット、カジノなどのギャンブルについては、賛否両論あるかと思います。これらは依存性を生み出しやすいので、メンタリティが弱い人や、負けず嫌いの人には向いていません。

世の中には、ストレス発散のためにやっている人もいるようですが、負けると悔しい、勝つと嬉しいと、感情の乱高下で精神も乱れやすくなります。逆にストレスを生み出し、溜めこんでしまうこともあるでしょう。

余剰があってできる娯楽と捉えて、ほどほどに楽しむくらいが最適です。

ただ、面白いのは、生まれつきギャンブル運や勝負運に恵まれている人もいるということ。四柱推命だと「財星《ざいせい》」が関わってきますが、活かせるかどうかは本人次第、また運次第なところがあります。当然、その反対の生まれの人もいるわけです。

運は鍛えることができても、生まれ持った素質を変えることは、生まれ変わらない限り不可能です。なので、やはり賭け事には期待しないのが一番でしょう。

宝くじや競馬、競輪などの公営のギャンブルであれば、利益の一部が国や地域の発展や社会福祉のために使われているので、寄付するという気持ちでお金を使うのもありかもしれません。

Q.3 運を良くする旅行の仕方って？

運気の停滞感や、お金のめぐりが悪くなったと感じたら、日帰り旅行でもいいので、「ご自身の空気の入れ替え＝運気の入れ替え」と考え、旅に出ることをおすすめします。

旅行は運気アップに直結しやすく、新鮮な空気と経験をもたらしてくれることで、自分の「気」に変化を生じさせることができるのです。

また、「吉方位旅行」という言葉を聞いたことはありませんか？　吉の方位へ旅行（移動）することで運気を上げる開運術です。

毎年の運によって吉方位は変わり、さらに細かくご自身の誕生日から、あなただけの吉方位を算出することもできます（ウェブサイト「あちこち方位」がおすすめです）。

吉報位旅行で運気の循環をより活性化させたい人は、旅行先でのファッションや持ち物などにも気を配るといいでしょう。

魔除けや旅先でのお守りを持っていく

赤は魔除けに効果的なので、赤系のファッションやアイテムを持参しましょう。天然石のターコイズは旅先でのお守りとなります。アクセサリーとして身につけるのも良いですね。

スキンケアはスペシャルなものを

旅先では、高級な美容液やパックなど、日常使いのものからワンランク上のスキンケア品にしたり、エステやリラクゼーションの施術を受けたりするのがおすすめ。旅行は非日常を楽しむ、自分を甘やかすという意味で、お金を循環させることが吉です。

地産地消でパワーをチャージ

その土地でとれる栄養たっぷりの食材で、パワーをチャージしましょう。自分だけで楽しむのではなく、たとえばお土産として名産品を周囲の人に配ったりすると、さらなる運気アップにつながります。

そこでしか手に入らないお土産を買う

どこでも手に入るわけではなく、そこでしか手に入らないものは貴重です。食べ物も良いのですが、できれば工芸品などのアート作品を買いましょう。日常に戻っても使用できますし、思い出を振り返ることもできます。

パワースポットに立ち寄る

旅先にある有名な神社仏閣に立ち寄ることで、その土地の神様の「気」を授かることができます。旅行の目的自体を神社仏閣にするのもいいでしょう。気になっている神仏に会いに行く、パワーをもらいに行くなどを旅行プランに組み込むのもおすすめです。

温泉も「火」と「水」の力が宿っていることから、パワースポットといえます。美食を楽しみ、温泉で休養し、英気を養えば、ご自身の「気」も整えられ、自ずと運気は上昇するでしょう。

思い出を残して運気を持ち帰る

旅先で心を動かされた景色は、スマートフォンやカメラで必ず写真を撮っておきましょう。帰宅後も、スマホの待ち受け画面にしたり、パソコンのデスクトップ画面に設定したりすれば、整った「気」をキープしやすいはずです。旅行後も良い運気を持続するのにつながるでしょう。

ゆったりと日ごろの疲れを癒やし、パワーチャージをすることで、日常への活力へとつながる旅行にしましょう。自分の気の状態に良い変化が出れば、金運にもきっと良い変化が出てきます。

Q.4 家を買うときの注意点は？

家はあなたのお金を生み出し、育て、増やし、貯めていくための「発財・蓄財・招財」の器です。

この器をより良い環境にすることで、金運の引き寄せ力も確実に変わります。

風水では、家を買う、引っ越しすることは環境に変化をもたらすため、「**生・死・病**」に関わるとされています。

家や土地といった住まい選びを間違えてしまうと、お金のめぐりが悪くなったり、仕事がうまくいかなくなったり、人間関係が悪くなったり、体調を崩したり、身内が亡くなったりなど、不運に見舞われることも実際にあるのです。

住まいを変える＝環境を変え、リセットすることです。不要なものを捨て、新しいものを手に入れるように、破壊と再生の循環を意味します。この行為は命がけといっても過言ではありません。

でも大丈夫です。家や土地の大切さを理解していれば、風水で対策することは可能です。

家を買うにあたっては、地理風水にも言及している、拙著『人生が変わる！住んでイイ家ヤバい家』もおすすめしますが、本書では、お金のめぐりに関する家の選び方を重点に、開運対策をお伝えしたいと思います。

理想と現実のバランス

住みたい家はこんな感じ、でも予算的にはこんな感じ、というふうに理想と現実には開きがあることが大半です。まずは、どんな家を買いたいか書き出してみましょう。

私が実際に家選びをするときに書き出したものを参考例としてご紹介します。

ゆうはんのマイホームMEMO

- □ 駅やバス停などから徒歩10分以内
- □ 戸数の少ない分譲マンション
- □ 鉄筋コンクリート構造
- □ 両隣がいない間取り・部屋
- □ 70平米から80平米
- □ 薔薇を栽培しているので、バルコニーが広め
- □ 四神相応地（56ページ）
- □ できれば低層マンションの最上階、高層階でも15階程度まで
- □ ○○区、○○町あたりが良い
- □ 築年数は10年以内
- □ ペット可
- □ 修繕積立や修繕計画がしっかりしている
- □ 予算○○○円以内
- □ 中古でワンオーナー
- □ 前オーナーの素性がわかること、運の良い人、経営者が良い
- □ 管理会社がしっかりしている
- □ 資産価値がある
- □ 近隣の環境が良い
- □ 屋根つきの車庫がある
- □ 近隣にスーパーや商店街があり、活気がある
- □ 内装はフローリングで、できればホワイトやベージュなどの明るい床
- □ 遮音性に優れている

私の場合は、この条件で探して見つかるまで5年以上かかりましたが、理想と予算のバランスが見合い、条件をクリアした家を購入することができました。

次に、風水や暦の視点で気にしたいことです。

お金に愛される方位を活用

お金の方位は「西」と「北西」。この方位に書斎や寝室、玄関の位置があると金運のめぐりが良くなります。逆にこの方位に、トイレ、バスルーム、キッチンなどの水場や火場があると抑制されるため、間取りと方位のチェックを。

引っ越しや転居の時期（暦）かどうか

ご自身の誕生日から、引っ越しに適した年月日を算出することができます。これは命術を扱える専門家に相談するのが良いでしょう。せっかく風水家相で良い物件を手に入れたのに、暦を間違えてしまうともったいないのです。また暦が良くても、出産が間近、身内に不幸があった、体調が優れないときなどの「生・死・病」の現象が近親者に起きているときは延期するようにしましょう。

Q.5 お金を増やすのにやっぱり投資は必要？

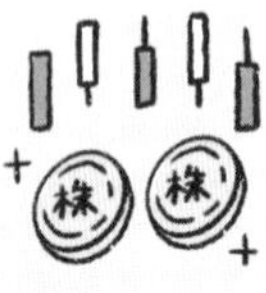

風水では投資は発財となります。

お金を動かし、循環を促すことで変化が生まれます。私たちが懸命に働き蓄財したお金を動かすことで、最終的に「**お金に働いてもらいお金を増やす**」ことができるのです。

寝ている間にお金が増えることを実現するのが、投資です。

しかし、株などの投資は「**余剰資金**（**蓄財の中から**）」で運用することが大前提です。投資はリスクもあることから、万が一のときはなくなっても仕方がないと思える額で、しっかりと学んだうえで実践するのが基本です。

新NISAなどを活用して株式投資、投資信託や、金や銀などのコモディティ投資などもいいでしょう。

おそらくほとんどの方が「将来の不安」から少しでもお金に働いてもらい、蓄財を長期投資によって増やしたいと思っているはずです。

いきなり大金を動かすのではなく少額からコツコツ積み立て、すぐに利益を追求するのではなく、長期観測で貯金（蓄財）していく感覚で投資（発財）することをおすすめします。

また、投資と投機は違います。投資は長期間、投機は短期間と覚えておきましょう。FXや株のデイトレードなど、投機にもさまざまあります。ハイリスクハイリターンとなる場合も多々ありますから、初心者のうちは長期投資や新NISAを活用しましょう。

投資や投機はリスクがあるものだと思って、お金の勉強を怠らないようにすれば、もっとお金に愛されていきますよ。

Q.6 家計簿の見直しは必要？

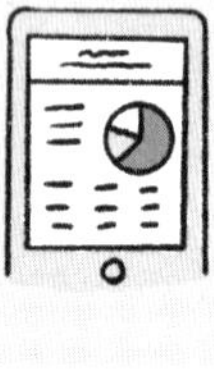

特に、**蓄財力を上げるためには、家計簿の見直しが重要**です。

一年を通して蓄財が増えていれば見直す必要はないのですが、なぜか蓄財ができないという人は、家計の見直しを始めてみてください。

蓄財を増やすには、大きく次の2つを工夫する必要があります。

1、今の生活習慣を振り返って家計簿を見直す

2、収入を上げるための努力をする

2の収入アップにつながる資格取得やスキルアップ、副業や転職先を探すのは時間がかかります。まずは、今のライフスタイルで無駄がないかをチェックしま

しょう。

収入と支出の記録を残すことは、家計の見直しとなり、金運アップにつながります。支出が可視化されれば、改善点を探ることができます。

特に「食費や交際費、消耗品」のなかには、必要ないのでは？と感じるものも多いでしょう。消費と浪費は異なります。浪費になっているものはないか、重点的にチェックを。

昨今は家計簿アプリも充実していますので、便利に活用しましょう。

他にも、住宅費、固定電話やスマホ料金、インターネット料金、プロバイダー料金などの通信費、動画や音楽、ゲームなどが楽しめるサブスク、水道光熱費、保険などの見直し、省エネにつながる家電への買い替え、引き落としや振込にかかる手数料なども意識してみましょう。

Q.7 相続や遺品整理で運気は上がる？

相続は蓄財、招財となります。

相続した土地や家をどうするかという風水相談も多くあります。引き継ぐ財産・資産となりますから、金運にも直結してきますね。先祖、祖父母、両親などから受け継ぐものなので、先祖供養のためのお墓づくりから始まった風水思想は強く影響します（46ページ参照）。

しかし、相続には負の相続もあります。

お金にならない、むしろお金がかかる相続や、借金や保証人など、これらも引き継ぐことになりますので、負の遺産をどうするかという点でも悩ましい問題です。譲り受けた相続が負担だと感じる人は、思い切って手放すことも必要です。

お墓参りをして先祖に感謝を伝えれば、祟《たた》られる心配もありません。

資産だけならいいのですが、遺品整理がついてくることもあります。自分のものではないため、どう処理するかで時間がかかることもあります。

特に、昔の人はものを大切に使っていることから、物持ちがいい人もいます。思い出を捨てることに躊躇《ちゅうちょ》がある方は、貴重品や二次利用できるものだけ整理をしてもらえる遺品整理の専門機関にお願いするのもいいでしょう。

手放し、捨てることは、新しい運気が入ってくることにもつながります。

風水思想上、遺産や相続を意味する方位は「北東」になります。日本では鬼門とされている方位ですが、中国風水にはそのような思想はありません。

ただし、清浄にしておかないといけない場所として強調されることから、相続問題を抱えている人たちは、ご自宅の北東エリアをしっかりと整え、掃除をマメにするなど清浄に保つようにしてください。

Q.8 選択肢が増えているお墓はどうするのが良い？

古代風水の起源は、お墓（墳墓）のつくり方からはじまりました。46ページで解説した陰宅風水です。仏教伝来前の中国では、少数民族それぞれに信仰があり、祖霊崇拝の思想が主流でした。「先祖供養をきちんとすれば、末代まで永続的に繁栄する」という思想が根づいており、お墓づくりはとても重要とされていたのです。

のちに、陰宅風水は日本で墓相として広まります。お墓の向きや形や色などによって運気に変化が出るといわれ、流派もいくつかあるようです。しかし、元の陰宅風水は地理・地勢を重視したものとなります。

一般的にお墓は亡くなった後、または亡くなることが予測された状況から購入することが多いと思いますが、中国では、皇帝や王様が地位についたらすぐに良い地理・地勢を探してお墓をつくり始めます。

縁起が悪いと思われるかもしれませんが、陰宅風水を行うことで、生きているうちに紡がれる縁や、運が高まるとされています。それをもってして陽宅風水や家相が活かされるのです。

お墓は五行では「土」です。土は「金」を生じることから、風水的に良いお墓をつくることはお金を生み出す、金運アップにつながります。また、残された家族が出世し、繁栄することにも影響します。陰宅風水・墓相も学んでおくと、運気向上につながるというわけです。

四神相応地にある

家同様に、お墓もまた四神相応地（56ページ）を選ぶことをおすすめします。北に山、南には海や湖や池、西には広い道路や並木道、それから小さい山や小高い丘、東には道路があるか、清流が流れている地形が理想的です。

水場の墓地は避ける

五行の土は水を汚すことから、土と水の相性は悪く、混じり合うと泥と化してしまいます。湿地や水害が起こりやすい場所に、お墓や墓園は適していません。

土葬が最も良い

日本は国土の狭さから火葬が主で、昨今は樹木葬や散骨葬、宇宙葬など、墓石を建てない自然葬を望む人も増えています。風水思想では土葬が最も良いとされ、遺体は火葬せずに、そのまま土に還ることが自然とされていました。日本国内では土葬はできても、場所が限られるようです。土葬の次に良いのは、火葬後の土葬となります。

墓形は奇抜な形状を避け、色は白系が◎

墓石の石質はすべて同質なものにし、墓形はハート形や星形などの奇抜な形状は避けてください。四角や円形であれば問題ありません。石の色に関しては、白御影石が最も良い色です。

南、東、東南を向いている

お墓の背後はできるだけ北側がいいので、お墓の向きは自然と南側になります。太陽が昇る東や東南も良く、次の命の誕生を意味します。太陽が沈んでいく西側には向けないようにしましょう。

埋葬の日時

お墓に入る埋葬日は、その人の出生日と同じぐらい重要です。これは、故人の生年月日、没年月日を用いて導き出しますので、気になる方は命術を扱える専門家に相談してみるのもいいでしょう。

古代に起源を持つ風水が、これからの時代にすべて通用するとも限りません。軸はぶれさせずに、時勢や風土、私たちのライフスタイルの変化に合わせて、進化させていくことが大切だと私は考えています。

9年分のあなたの運勢は？

守護龍風水占い

生年月日からあなたの守護龍を導き出しましょう。基本性格、金運、仕事運、9年間の運勢バイオリズムを占います。

守護龍風水占いとは？

この占いは、金龍、黄龍、赤龍、紫龍、翡翠龍、黒龍、青龍、白龍、透明龍の9つのタイプの守護龍から、性質や運気がわかるオリジナル占術です。

「9」は龍神を象徴する数字。9年を1周期として考え、その運勢のバイオリズムをみることができます。まずは、左ページの「占い方」を参考に、あなたの守護龍を導き出してみましょう。

金運と金運につながる仕事運を参考にしながら、運勢バイオリズムでこの先の流れをもとに、目標設定をするといいでしょう。開運アドバイスは、今後、より運気を上げるための行動指針として実践してみてください。

占い方

生年月日を1桁《けた》の数字に分解し、すべての数字を足していきます。合計した数字が2桁になったら、1桁になるまで繰り返します。最後に出た数字があなたの「天帝数」となり、対応している龍が守護龍となります。

（例）1983年2月14日生まれの場合
1＋9＋8＋3＋2＋1＋4＝28
2＋8＝10
1＋0＝1
天帝数は「1」→ **守護龍は「金龍」**

天帝数**1**の人 …… **金龍**
天帝数**2**の人 …… **黄龍**
天帝数**3**の人 …… **赤龍**
天帝数**4**の人 …… **紫龍**
天帝数**5**の人 … **翡翠龍**
天帝数**6**の人 …… **黒龍**
天帝数**7**の人 …… **青龍**
天帝数**8**の人 …… **白龍**
天帝数**9**の人 … **透明龍**

9年分の運勢の見方

232ページからの各守護龍風水占いにあるグラフは、2025年からの9年間の運勢を表したものです。大きな運気の流れに沿った適切な行動で、より幸運を引き寄せることができます。

たとえば、上昇傾向のときには、自己投資を始めたり、積極的に動いたりする。下降傾向のときには現状を見つめ直して自分を整えるなど、力を入れる方向性を見極めるのにも役立ちます。

各年の運気は、始動、慎重、発展、達成、盛運、安定、養生、静観、低迷という、9つのテーマで表しています。詳しくは、次のページから解説します。今年は何を意識して過ごすといいのかなど、参考にしてみましょう。

9つの運気の意味

始動――発財力ＵＰが吉

運命は春を迎えます。地上に新芽が出て、太陽に向かって伸びていこうとしますが、まだその芽は小さくかわいらしいもの。好奇心旺盛で、どんなことにも意欲的に挑戦したくなる運気でしょう。新しい出会い、発見、導きを得られます。家でジッとしていてはもったいない時期。ケチケチせずに発財を意識し、直感にまかせてアクティブにお金を動かしましょう。

慎重――自己投資に注力を

運命は初夏を迎えます。青々と太陽に向かって伸びた若い芽はまだ柔らかく、ちょっとした刺激で折れてしまうことも。勢いも大切ですが、枝葉をどこに向かって伸ばすか、専門家や信頼できる人の教えを参考にしながら進むと運気がより良い方向へと向かいます。資格習得や学びにお金を費やすと良いでしょう。

発展――アクティブに動こう

運命は夏を迎えます。枝葉が伸び育ち、増えて広がっていくようなイメージです。交友関係も広がり、さまざまなところから必要なものを引き寄せ、肥やしにすることができます。吸収力も上がっていますので、この時期に得たものが大きな収穫へとつながることもありそうです。失敗を恐れずに積極的に動くことで、金運にも恵まれます。

達成――努力が花咲くとき

運命は初秋を迎え、今まで頑張ってきた成果が出始めます。昇格昇進、副業での成功など、人によっては新たな節目、展開や転機が訪れることも。どんなことが起きても、良い方向性へと導かれます。この達成の時期に決断したことは、間違いない判断であることが多いはず。達成感や満足感のある運気ですが、調子には乗りすぎないよう気をつけましょう。

盛運――運気最高潮！

運命は実りの秋を迎え、それらを収穫、吸収します。破竹の勢いで活発な運気で、仮に難題があっても容易に突破します。実を結び、収穫につながるので金運も良好。変化がめまぐるしくやってくることもありますが、結果的には良い方向性へと導かれます。頑張ってきたご褒美を買うことで、次へのモチベーションにもつながります。

安定――ゆったり過ごして◎

運命は彩り豊かな晩秋を迎えます。充実した日々を過ごせるでしょう。刺激はないかもしれませんが、現状維持を楽しむことが大切です。無理をしない、思い切ったことをしないのもポイント。生まれ故郷に帰る、親孝行をする、神社仏閣めぐりをするなど、自分を育んでくれた土地やルーツに感謝する旅にお金を費やすと、運気アップになるでしょう。

養生 ―― 休息と感謝

運命は初冬に入ります。紅葉した木々が葉を落とし、自然の色にも変化が出てきます。「お礼肥《れいごえ》」といって、冬を乗り越えるために蓄える時期でもあります。たくさん食べて、ぐっすり寝て、健康を意識した生活に費やすよう心がけてみましょう。また、サポートしてくれた人に感謝を伝え、ギフトを贈るなど、ご縁をより太くする時期でもあります。

静観 ―― 整理整頓

運命はこれから冬支度を始めます。身のまわりに蓄えたものを徐々に手放し、必要なもの、不必要なものを精査しましょう。部屋を片づける、模様替えをする、不用品を捨てるなどの目に見えるものから、思い癖や腐れ縁などの目に見えないものも手放しましょう。そのためにも広い視野、冷静な視点が必要です。お財布の紐は固めが◎。

低迷 ―― 備えと学び

運命が真冬の時期を迎えていますが、地中では春を待つ種が芽を出そうとしています。迷いや不安が生じやすい運気ですが、水面下で次の9年に向けて準備を始めましょう。ジッと耐えるのではなく、その種を膨らませて良い芽生えとなるように、学びや知識を蓄える時期でもあります。新たな学びや経験を得るためにお金を費やすと、後に大きな実りとなります。

天帝数1

金龍

KINRYU

正義感が強く好奇心旺盛なリーダー

基本性格

あなたは正義感が強く、曲がったことが嫌い。頼られることで本質を発揮するので、困っている人を助け、先導していく天性のリーダーシップの持ち主です。褒められることで伸びるタイプで、人に喜ばれることが好きです。好奇心旺盛で挑戦にも積極的な怖いもの知らずでもあります。目標を決めたら一直線、必ず手に入れたいものをつかむ強さと運を持ち合わせています。
人に頼ったり甘えたりすることが苦手なので、常に自分ひとりで抱え込みやすい傾向にあります。限界を感じたら、あなたが信頼できる身近な人に、苦しみを打ち明けることで運気は向上していきます。

金運

頑張り屋さんなので、お金に困ることはありません。入ってくるものも多いけれど、出ていくお金も多いでしょう。お金を貯めこむよりも、循環させたほうが金運はめぐってくるタイプです。貯まったら運用というように、投資の勉強に努めるとより良いでしょう。努力して蓄財を目標にすれば、周囲がびっくりするほどの蓄財も実現できます。

仕事運

命令される、素直に従うことが苦手な人が多い印象です。そのため上司との摩擦が多くなりがち。しかし、目標を持つことで達成に向けて頑張るタイプですから、役割を持たせてもらうと実力を遺憾なく発揮します。こだわりも強いので、そこを活かせる仕事に就くと良いでしょう。

相性のいい龍

赤龍、青龍

9年間の運勢バイオリズム

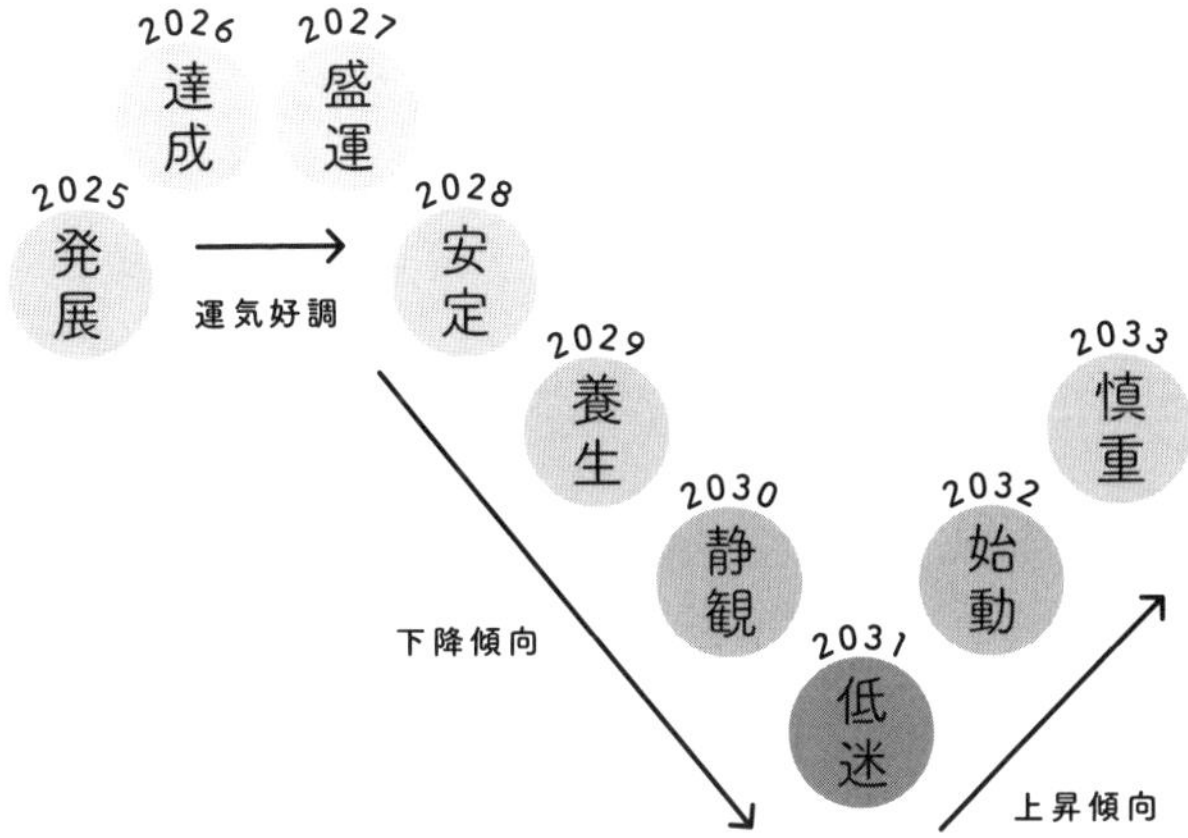

開運アドバイス

完璧主義のあまり頭が固くなっていませんか？「正しさ」とは人それぞれ違うもの、あなたにとっての完璧や正義が相手にとっても同じかはまた別の話です。相手の考えも柔軟に受け入れて尊重し、「そういう考えもあるね」と心広くいることが開運の近道でもあります。時には肩の力を抜いて、息抜きに出かけましょう。エステ、整体、ヨガなどのリラクゼーションにお金をかけると心も体も癒やされ、金運だけでなく視野も広がります。健康面では、片頭痛や気圧病に気をつけ、血流を良くするようにしましょう。運勢はこれから昇り調子ですが、良いときこそ気を引き締めて、悪いときこそ裏でコツコツ努力をしましょう。

天帝数2

コミュ力抜群の心優しい愛されキャラ

黄龍

OURYU

基本性格

あなたは明朗で愛嬌抜群、人当たりも良く聞き上手。周囲にはいつも人が集まってきます。まさに愛されキャラタイプで、自分よりも相手のことを考え、分け隔てなく皆に平等に接することができる、優れたバランス感覚も持ち合わせています。コミュニケーション能力にも長け、優しい印象を持たれます。あなたの純粋で心優しいところを利用するような人もいるので、気をつける必要があります。穏やかで冷静なところが時に誤解を与えることもあるかもしれません。美容や健康、美術や音楽の分野や華やかな世界を好みます。いつも綺麗に整えているあなたに憧れる人も多いでしょう。

金運

お金は、趣味や自己投資はもちろん、一緒にいて楽しいと思える場面（交際費）に費やすことが多いでしょう。付き合いで入会し、購入してしまうことが重なり、お金の管理も甘くなりがちに。しかし、お金に困っても必ず助けがくる運を持っています。甘んじずに、日頃から徳を積み、感謝を忘れなければ良いでしょう。親孝行をすると金運アップにもつながります。

仕事運

どんな職業・職場においても持ち前のバランス感覚を発揮します。人間関係で苦労することはありませんが、一般職よりも、美容や芸術に関わる専門職に就くと良いでしょう。才能を磨くことが好きですから、クリエイティブな世界での活躍も望めます。

相性のいい龍

紫龍、透明龍

9年間の運勢バイオリズム

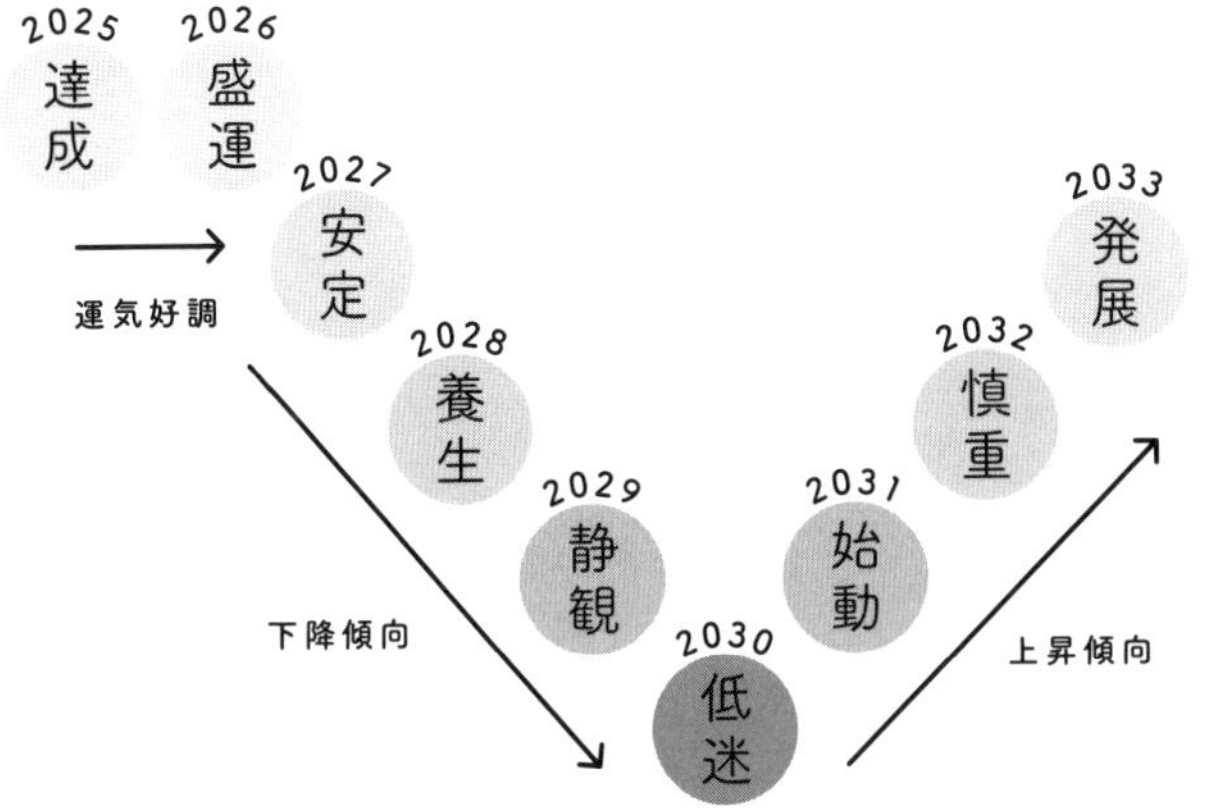

開運アドバイス

気を使うことは良いことです。自分よりも他者を優先することも時には大切です。しかし、それもゆき過ぎると、あなたらしさが半減してしまいます。たまには、人からどう思われるかを気にするよりも、自分がどうしたいかを優先すると運気向上につながります。また、頑張った自分へのご褒美に、欲しかったものを買うことでお金のめぐりもより良くなります。２０２４年で広がりすぎた交友関係も、２０２５年以降は、本当に必要な人だけが残っていきます。２０３０年は、あなたを利用しようとする人が出てくるかもしれません。疑いたくはないけれど、俯瞰して見ること、冷静にとらえることが開運ポイントです。

天帝数3

自分の直感を信じてアクティブに生きる

赤龍

SEKIRYU

基本性格

あなたは好奇心旺盛で直感を重視するスピードタイプで、好き嫌いが激しい傾向にあります。おしゃべりが大好きで、行動力も抜群、止まっていることが苦手で常に動きまわっているような忙しい人です。興味のあることには飛びつきますが、面倒くさいことには関わらない、好き嫌いも表情に出てしまうというわかりやすい人が多い印象。また、早く結果を求めたりするので、焦りやすい傾向があり、少しおっちょこちょいな方もいるでしょう。すぐに結果が出ないことで諦めたりせずに、コツコツと遂行していく姿勢を意識していくともっと運気は向上していくでしょう。

金運

金運の浮き沈みが激しいタイプ。出費が多く浪費傾向です。収支のバランスを考えて計画性を持っていきましょう。おっちょこちょいなところがありますから、落とし物や忘れ物に気をつけましょう。常に忙しいあなたの部屋は散らかっているかもしれません。片づけや整理を積極的にすることでさらなる金運アップにつながります。

仕事運

束縛されることが苦手です。一般常識のレールに乗せられることも嫌うので、社会に順応できない方も多いのですが、仕事を持ちながらも趣味やプライベートの時間を充実させてバランスを保つことが大切です。フレックスや副業OKな自由度の高い職場が良いでしょう。

相性のいい龍

金龍、黄龍

9年間の運勢バイオリズム

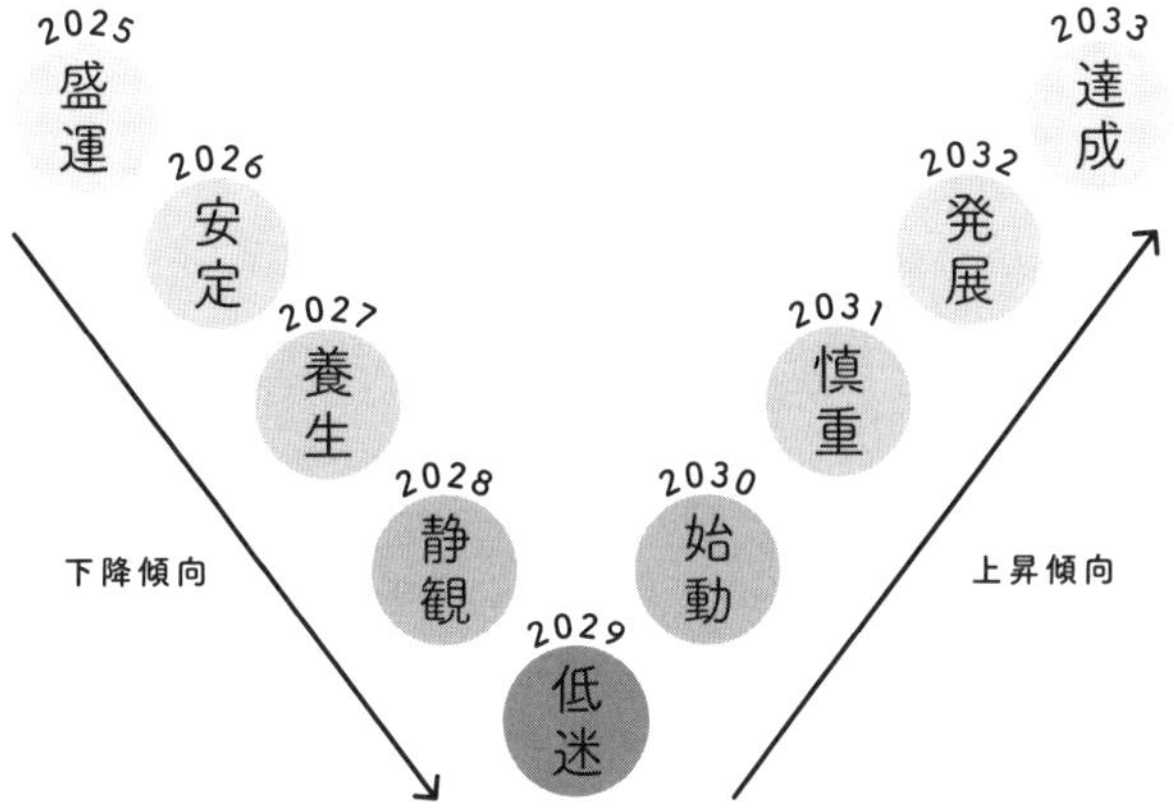

開運アドバイス

あれもこれもと手を出しては、中途半端にしていることが多いようです。ひとつのことを継続してやり遂げると自信がつき、金運アップにもつながります。あえて面倒くさいこと、他の人がちょっと嫌がることを率先してやることで、運を味方につけられます。赤龍の人は、運気が低迷しているときほどやる気が出て闇雲に動いてしまい、調子の良いときはさらに調子に乗ってしまう傾向にあります。天邪鬼な一面があり、わかっているけれど刺激やユーモアを求めすぎて羽目を外すと、2033年の達成を迎えるときに、思うように結果がふるわないことも。ひとりで決断せず、専門家に相談し、導きを請うのも開運の秘訣《ひけつ》です。

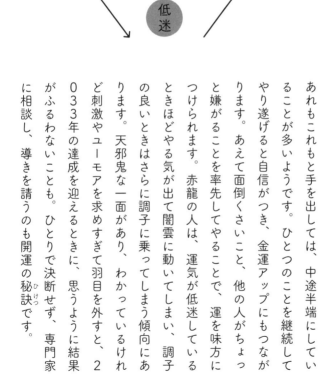

天帝数4

真面目に地道に進む
不断の努力家

紫龍

SHIRYU

基本性格

あなたは真面目にどんなことでもコツコツと頑張る努力家です。任されたことは最後までやり抜き、中途半端を嫌います。プレッシャーには強く、情に脆《もろ》いところがある人情家でもあります。時に頑張りすぎてキャパオーバーになり、心が折れてしまう場合も。傷つくのが怖くて相手に言いたいことを我慢し、気疲れしてしまったときは、息抜きをすることが大切です。また、石橋を叩くタイプでもあるため、保守的で決断に時間がかかることもあるでしょう。決めるまで時間をかけてもOKですが、慎重になり過ぎてチャンスを逃さないように気をつけましょう。

金運

紫龍の人は貯金が大好きです。将来への不安から貯金して安心感を得ようとします。不確実なものに手を出さないのですが、たまには息抜きや娯楽にお金を使うことも大切です。必要なことにはケチらずに費やしましょう。周囲の目を惹きつけることが金運アップにつながります。艶やかなメイク、お財布や鞄も艶のある本革など、高級感あるものを身につけましょう。

仕事運

頭脳明晰《めいせき》で分析力にも長けています。研究熱心で情報処理能力の高さから、まとめ役を任せられるなど信頼ある役割を与えられることも多くあります。要領もいいので仕事では上司からも部下からも頼られる存在として活躍できます。甘えるのは少し苦手でしょう。

相性のいい龍

青龍、翡翠龍

9年間の運勢バイオリズム

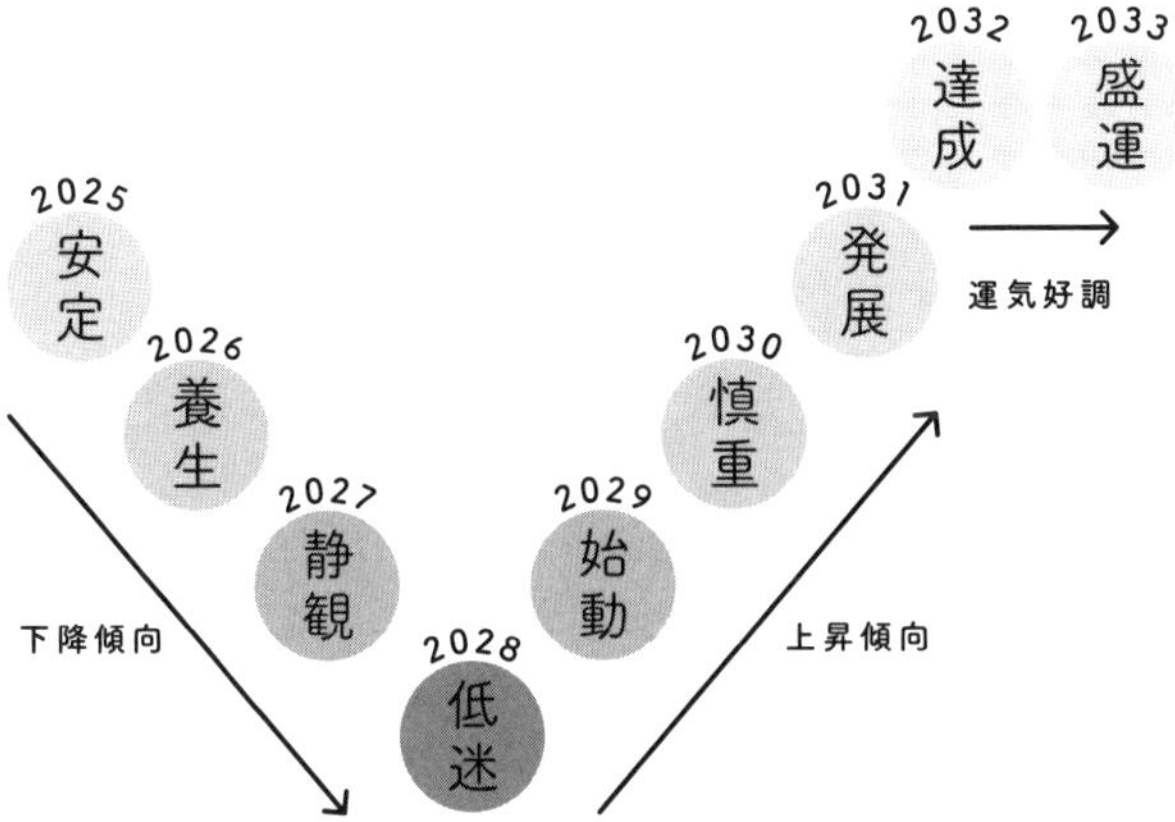

開運アドバイス

完璧をつい追い求めてしまうタイプではないでしょうか？　忍耐力があるせいか、無理でも頑張ってしまい体調を崩しがちに。疲れがとれないな、限界だ、難しいなと感じたら人に頼るようにしましょう。逃げるが勝ちという言葉があるように、すべてを抱え込まないことが、より良い金運を引き寄せるポイントです。紫龍の人は低迷期に起こる逆境に弱く、できるだけ悪いことを避けようとします。よく低迷期は動いてはいけないと言われていますが、低迷期こそ、次の9年をより良くするために多くを学ぶ時期です。陰の努力が大切ですから、コツコツと勉強や役立つことを知識として蓄えていきましょう。

天帝数5

我の強さはピカイチ！
夢を追う理想家

翡翠龍

HISUI RYU

基本性格

あなたは枠にはまることを嫌い、我が道を行きます。発想力も豊かでさまざまなアイデアを発案し、皆を驚かせることもあるでしょう。自らの才能を成長させ社会貢献するタイプです。楽しいことが大好きな快楽主義者ですが、自由奔放な生き方ができるのは強みでもあります。常に成長や進化を考える理想家でもあり、さまざまな体験を経て自己実現に向かっていきます。一度会うと忘れられないようなインパクトある印象です。理想主義を、「こうじゃないと！」と、相手に押しつけてしまうことも。思い通りにいかないことがあっても、自己中心や自我を強調せず、周囲と歩幅を合わせるようにしましょう。

金運

お金には無頓着なところもありますが、ポイ活などで増やすことも好きなようです。株式投資や不動産投資を学ぶとより本領が発揮できるでしょう。途中で投げ出さず粘り強く頑張ることを意識し、感受性を高めるために芸術や音楽に触れましょう。小さめの観葉植物を1つ〜3つ、南に置くことで金運上昇につながります。

仕事運

才能やアイデアを活かして財を成す運を持っています。仕事は面白みを感じるもの、企画や開発などが向いているでしょう。理想を追い求めすぎると、周囲との摩擦が増えますから、相談できる友人がたくさんいると良いでしょう。

相性のいい龍

紫龍、黒龍

9年間の運勢バイオリズム

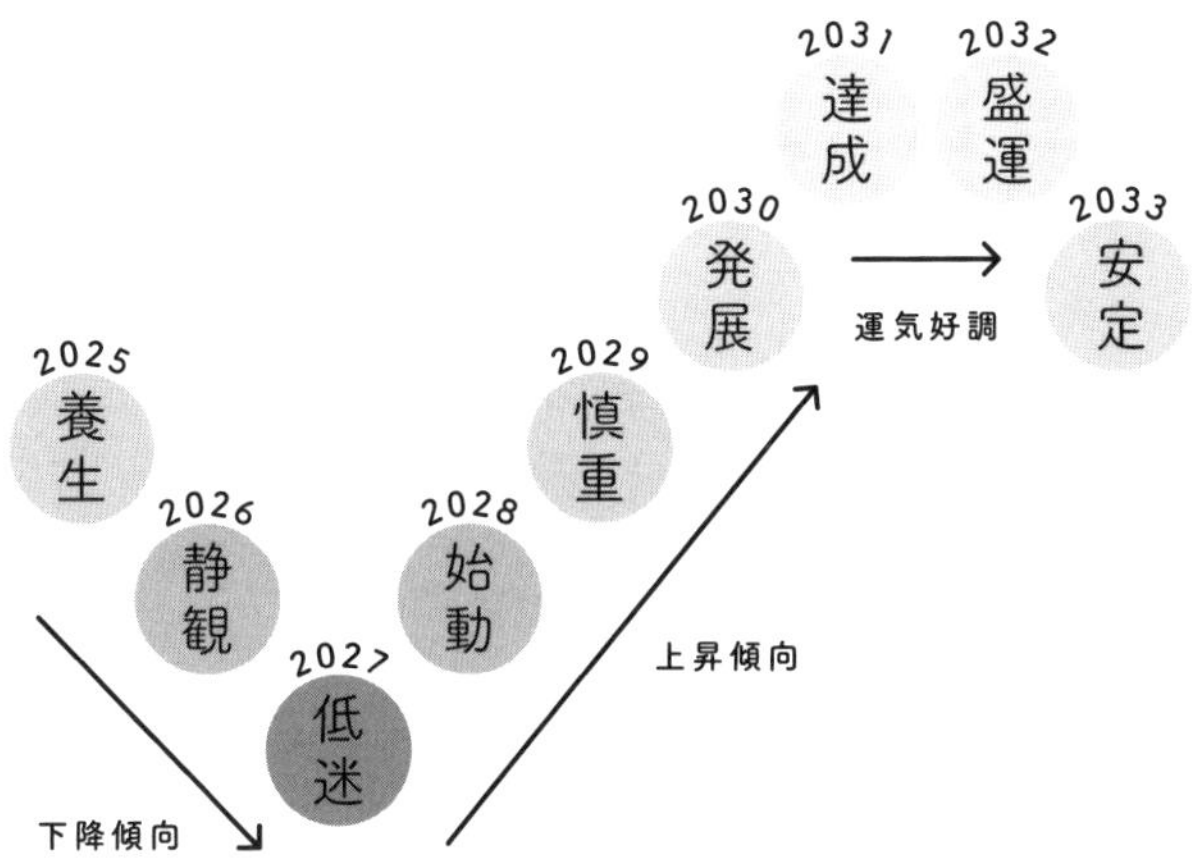

開運アドバイス

ルールがない、自由で気ままなライフスタイルが好き。でも、ルールがあるからこそ得られる自由もあります。要はバランス。それに早く気づくとお金のめぐりも良くなるでしょう。連絡をまめにする、相手との約束を守ることを強く意識すると人間関係も好調になります。また、ギャンブルやゲームに課金するのはほどほどにするのが吉。2026年を迎える前に、片づけないといけない、解決しないといけない問題があれば、「養生」期間中に整えましょう。「自分にとって最も必要なことは何か」を考え、身につけるために行動し、お金を使えば、低迷期も迷いなく乗り越えることができます。気分転換には旅行もおすすめ。

天帝数6

人のために尽くす
愛情深い癒し系

黒龍

KOKURYU

基本性格

あなたは穏やかでどんなことにも動じない印象を持たれますが、内面は非常にデリケートな人。バランス感覚に優れ、どんな人にも差別なく愛情深くお付き合いができるので、人間関係は良好です。あなたといるとほっとする、癒やされる、というような声も多いでしょう。面倒見の良いところもあり、困っている人がいたらほうっておけません。自分よりも相手を優先し、常に役に立つことはないかと気を配っています。しかし、人に頼り、甘えることは苦手で不安を抱え込みがちです。自己表現や主張が苦手でチャンスを逃してしまったり、譲ってしまったり、おとなし過ぎて損することもあるでしょう。

金運

若いころはお金の苦労があるようですが、大器晩成型で食うには困らない金運を持っています。頼られやすいので、お金の貸し借りには充分に気をつけましょう。心配性で神経過敏になりやすい人が多いので、寝室を整えると金運アップにつながります。枕や寝具にお金をかける、睡眠の質を良くするための工夫をしてみましょう。

仕事運

奉仕精神があり、人の痛みがわかり、慈愛にあふれたタイプ。看護師、介護士、助産師などケアやサポートをする仕事が適職です。縁の下の力持ちとして活躍する人も多く、会社にはなくてはならない存在のため、生涯において仕事には困りません。

相性のいい龍

白龍、翡翠龍

9年間の運勢バイオリズム

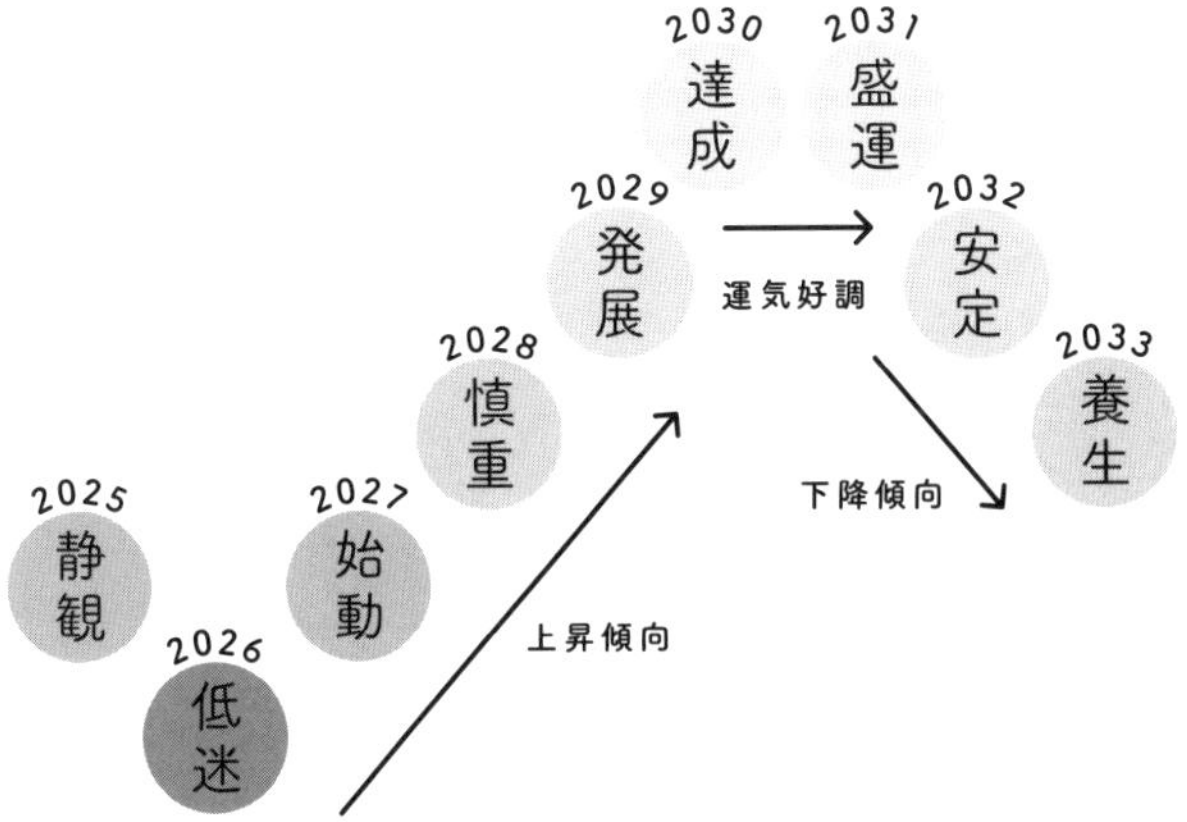

開運アドバイス

あのときこうしておけばよかった、今起きていることは過去のあれが原因だったかなど、未来よりも過去を振り返って後悔しがちなあなた。常に「今を生きる」ことを大切にしましょう。今が未来をつくることにつながりますから、ある程度反省点が見えたら気持ちをすぐに切り替えましょう。お金を貯めるのは得意ですが、投資運用には恐れがあります。お金に働いてもらうことを学んでみるのも金運アップにつながるのでおすすめです。低迷期を迎える前の2026年は手放すことを強く意識した生活をしましょう。不用品は捨て、腐れ縁を断ち、ネガティブな感情と上手に付き合えるように工夫してください。

天帝数7

冷静さと情熱を合わせ持った我が道を極める人

青龍

SEIRYU

基本性格

あなたは一見すると何を考えているかわからない、ミステリアスでクールな印象。しかし、内面には野心や情熱を秘めています。さっぱりとしていて面倒なことを嫌い、我が道を追求するタイプで、専門分野で活躍します。とっつきにくそうでも、実際は親切なのでギャップが魅力的に映るでしょう。鋭い直感力で思ったことを口にしてしまう癖があり、それが原因で苦労をする場合もありそう。短期戦よりも長期戦型で、忍耐力もあります。一度決めると後ろは絶対振り向かないという、強い意志の持ち主です。褒められ、持ち上げられることに慣れていない、照れ屋さんの一面もあるでしょう。

金運

実家が資産家など、恵まれた家庭環境に生まれる方が多い印象です。お金は趣味やコレクションに費やす傾向。遺産相続や継承の運を持っていますので生活は安定しています。インドア派で家にこもりがちな人が多いので、アウトドアや体を動かすことで金運のめぐりが良くなっていきます。森林浴に行くなど自然に触れるとなお良しです。

仕事運

マイペースに自分の世界観を貫く傾向にあり、インテリジェンスな雰囲気を持つ一匹狼タイプでしょう。IT関係や芸能関係の仕事に向いています。博愛主義なところが功を奏して、要領の良いタイプも多いでしょう。距離感も上手に保てます。

相性のいい龍

金龍、黄龍

9年間の運勢バイオリズム

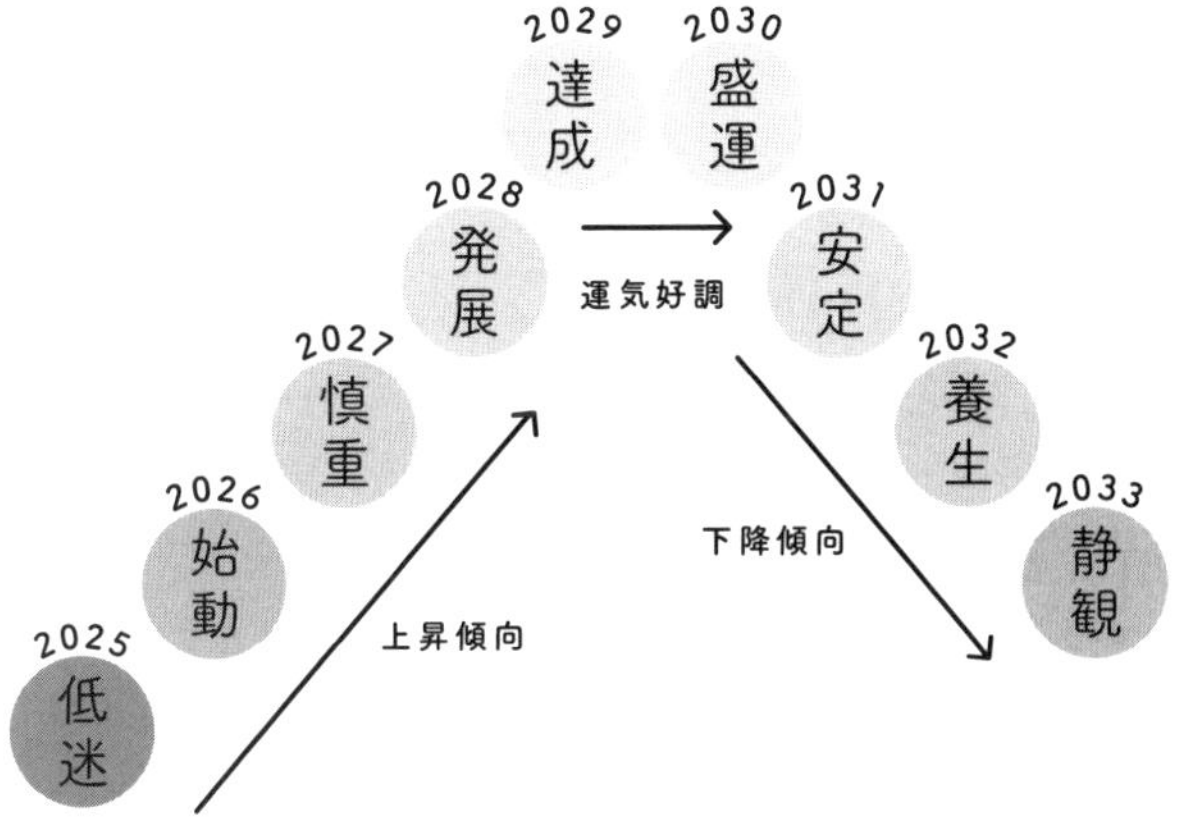

開運アドバイス

ひとりで色々とやってしまおうとしますが、個人プレイには限界が。周囲と協力し合うことで、新たな才能が開花し、よき理解者ともめぐり会えます。吉報も外からもたらされますから、耳寄りな情報や、金運アップにつながる良い知らせもくるかもしれません。低迷期は人間関係の改善が鍵になります。円滑になるように工夫をしてみましょう。募金をする、掃除を手伝うなどのボランティア活動に勤《いそ》しむと、凶作用も弱まります。大切なのは、誰かに言われたからではなく、自ら率先して行うことです。2026年は仕事に大きな変化があるようです。キャリアアップにつながる転職も叶うかもしれません。

天帝数8

信頼感抜群の社会性に優れた実力者

白龍

HAKURYU

基本性格

あなたは温厚でしっかり者、社会性のある常識人です。伝統や礼儀を重んじ、上下関係を大切にします。仕事も人間関係も円滑です。現実主義、結果主義なところがありますが、過ぎると周囲にもそれを求めます。多少潔癖症で規則正しい生活を好みますので、生涯独身の人も。非常識な人が許せないので、モラルやマナーが悪い人に対して小言をついついつい言いがちに。それが小うるさい印象となってしまい、神経質だと敬遠されてしまうこともあるので気をつけましょう。実力重視の頑張り屋さんでストイック。たまには息抜きや、好きなことをする時間をもうけることで、運気のめぐりも良くなっていきます。

金運

貯蓄が得意で、着実に増やすことを目的としているので無謀な賭けはしないタイプでしょう。苦労があっても努力次第で大成する人も多い印象です。火と水に縁がありますから、火山がある地域の温泉に養生に行くと金運が向上します。自宅のバスルームを整理し、白やアイボリーを基調としたお風呂場用品を買うのも◎。

仕事運

どんな分野でも実力を発揮します。管理職や責任が重い仕事のほうがやりがいは感じやすいようです。会計士、税理士、弁護士などの士業も向いています。気が抜けないので、心を病んでしまわないように工夫しましょう。

相性のいい龍

黒龍、透明龍

9年間の運勢バイオリズム

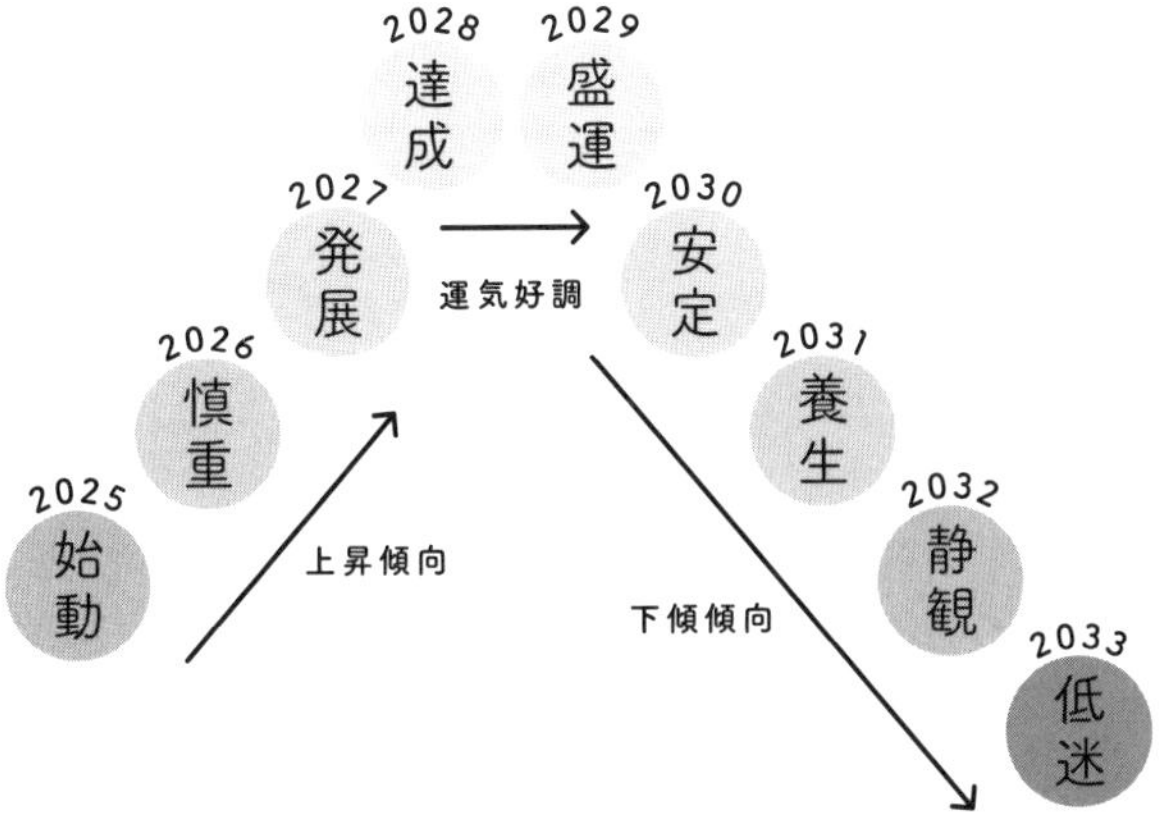

開運アドバイス

真面目さゆえに、自分軸で考え過ぎると、周囲の輪から外れてしまいがちに。いつの間にかひとりだったということにならないように、日頃から周囲に気を配りましょう。たまには肩の力を抜いて羽を伸ばし、好きなことだけをする時間をもうけるなど、自分に余白をつくりましょう。凝り固まっていた考えがほぐれれば、お金との付き合い方も柔軟になります。大切に温めてきた企画や目標がある人はまさにこれから。新たな出会い、新たな発見があなたを待っています。恐れずにどんなことにもチャレンジするようにしましょう。また、決断を先延ばしにして優柔不断にならないことも開運ポイントです。

天帝数9

純粋で人懐っこい思いやりを持った繊細さん

透明龍

TOUMEI RYU

基本性格

あなたは繊細で思いやりあふれる性格。献身的で、常に公平さを求める傾向にあります。秘密主義な人も多く、人見知り。打ち解けるのに時間はかかりますが、いったん心を開くと人懐っこくなります。いつまでも純粋で、可愛らしいほうっておけない雰囲気の印象を持っています。また、透明龍の人には流されやすい一面があり、環境によって運気も大きく左右されます。たとえば、順応力を活かして世間をうまく渡っていける場合は社会性が高まり、成功しやすいでしょう。ただ、流されやすさから悪い影響を受けてしまうことも。優しい人でもありますから、騙されて振りまわされないようにしましょう。

金運

お金にはあまりこだわりはなく、管理やコントロールは苦手です。多少の執着を持たないと誰かに騙されたり、流されて高額なものを買わされることも。ただ、思わぬ棚ぼたや宝くじ高額当選者も多くいます。また、生まれつき体が弱い人が多い印象です。健康は金運にも影響してきますので、自宅のトイレを清潔に整え、桃やフルーツ系の芳香剤を置くといいでしょう。

仕事運

スピリチュアルなパワーを持つ人も多く、医療従事者や占い、ヒーリングなど人のために寄り添う分野で活躍することも。心身が疲弊すると、ひきこもりがちになって極端に社会と距離を置いてしまう場合もありそうなので注意を。

相性のいい龍

赤龍、白龍

9年間の運勢バイオリズム

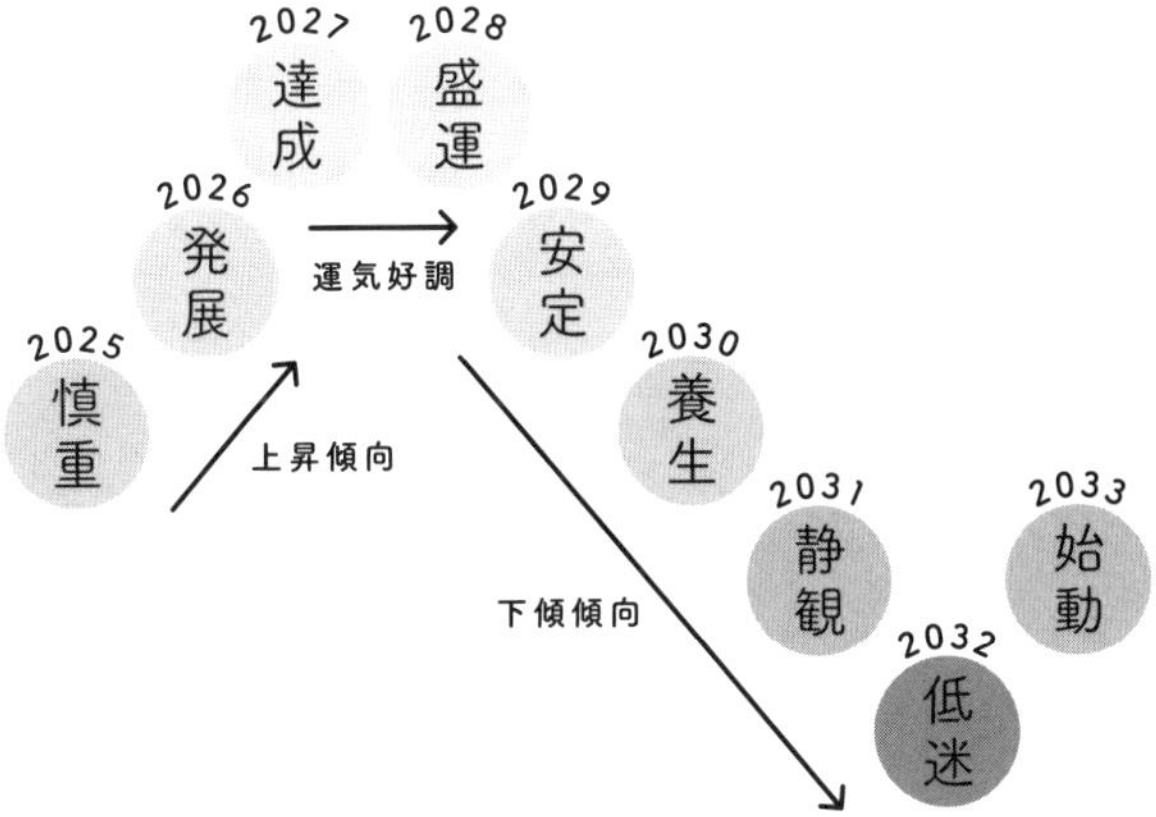

開運アドバイス

人生は一度きり、周囲に遠慮してはだめです。とことん楽しむことをモットーに過ごしてみましょう。我慢が続くと気づかないうちにストレスが溜まっていることも。息抜きや休息を大切にすると、自分の気のめぐりが良くなり、金運のめぐりも改善します。ひとりで家のなかで過ごすよりも、仲間や恋人とキャンプやハイキングなどのアウトドアを楽しみ、体を動かすことを意識すると気が高まって運気向上にもつながります。慎重期はいつも以上に人を助けてあげたい奉仕精神がわいてきますが、お金の貸し借りには気をつけましょう。また、契約事はひとりで決めずに、専門家や信頼できる仲間に相談してからにしましょう。

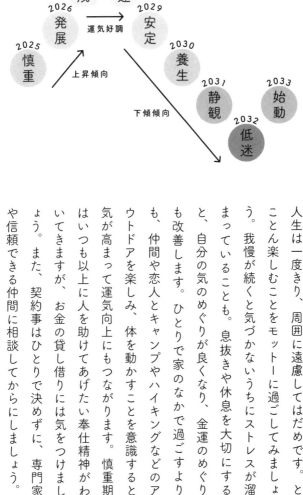

あとがき

「豊かさとはなにか」


本書を通して、私自身もあらためて振り返るきっかけとなりました。

死んだらお金もものも持っていけない。

でも、死ぬ直前に「後悔なくやりきった」と思えたら、ひとつの成功であり、幸福感に満たされるだろうと思いました。

つまり、私にとって豊かさとは「死んでも残り続ける作品をつくれたか、伝えきれたか」が大切なのだと思います。


もちろん、生きていく上ではお金やもの（有形資産）も欠かせません。

でも、それが先にあるというより、知識や経験、ご縁や運（無形資産）を大切にすることで、結果的に有形資産を生み出していることを再確認できたように思います。お金は私にとって頑張った後のご褒美なのかもしれません。


お金さえあれば幸せになれるとは限りません。

お金以上の幸せを得ている人たちもたくさんいます。

しかし、お金は切っても切れない存在。

すべてを手に入れてから見える、本来の豊かさもあるのでしょう。


今、あなたは満たされていますか？　枯渇していますか？　上手にお金と付き合えていますか？

あなたがどんな視野を持ち、今どのステージにいるのか考えてみましょう。

そして、お金をひとつのエネルギーとして捉えてみましょう。


お金は、お金を上手に扱える人たちのところに集まります。

ただ「お金が欲しい」と、闇雲に思うよりも、「そのお金で何を選択し、何を満たし、何を実現させたいのか」が大切です。

運もお金も、必要なものはすべて、実はあなたの目の前にあるのかもしれません。それをどうつかむかは、あなたの意識と行動に委ねられているのです。

どんな状況でも、環境でも、振りまわされない「自分」こそが、お金では買えない究極の豊かさなのかもしれません。

本書が、みなさまにとっての豊かさとは何か、改めて考えるきっかけとなり、今世を楽しむ養分にしていただけたら嬉しいです。

愛新覚羅ゆうはん

読者限定特典！

金運を上げる「風水護符」

P.178で紹介したとおり、護符は神仏の加護や
邪気を祓うのに使うアイテム。
今回、愛新覚羅ゆうはん手描きの護符を掲載しますので、
切り取ってお使いください。

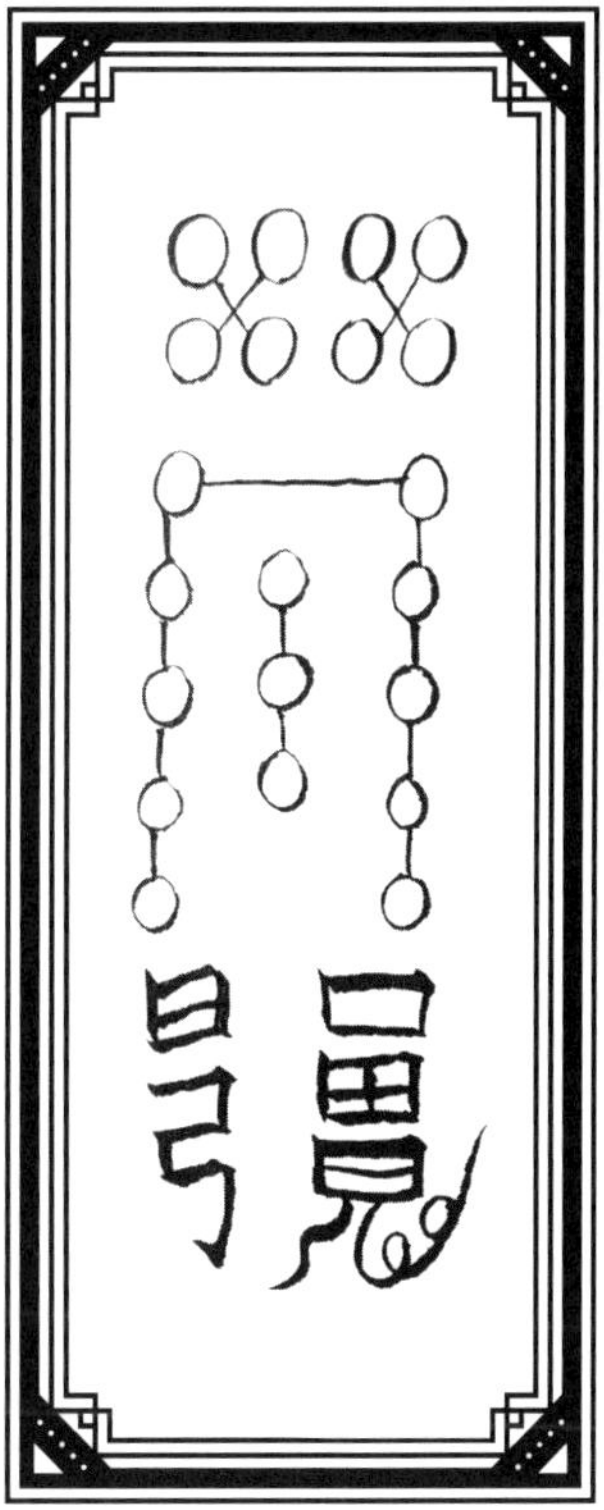

愛《あい》新《しん》覚《かく》羅《ら》ゆうはん

作家、デザイナー、開運ライフスタイルアドバイザー（占い・風水）。
中国黒龍江省ハルビン市生まれ。映画『ラスト・エンペラー』で知られる清朝の皇帝・愛新覚羅氏一族の流れをくむ。5歳のときに来日し、幼少期から備わっていた透視能力に加え、東洋・西洋あらゆる占術に精通し、占い師として20年で延べ25,000人以上を鑑定。おもに、占いの3つの大道といわれる風水や四柱推命、易経などをもちいて、「人と運と暦」の関係性を独自に研究、発信しながら、中小企業向けの講演会や暦を活かしたセミナーを行う。古神道歴は20年以上で、神社アテンドのイベントは全国で満員が相次ぐ。また、2020年より陶器上絵付け作家として国立新美術館で作品展示をするなど、多岐にわたって活動をしている。著書に『いちばんやさしい風水入門』（ナツメ社）、『神さま・仏さまとのご縁のつなぎ方』（ブティック社）、『人生が変わる！ 住んでイイ家、ヤバい家』、『一番わかりやすい はじめてのイーチンタロット』『一番わかりやすい はじめての四柱推命』（すべて日本文芸社）などがあり、著書累計部数は28万部を超える。

愛新覚羅ゆうはんの公式ホームページ
http://aishinkakura-yuhan.com/

愛新覚羅ゆうはんの開運オンラインショップ
http://yuhan.shop-pro.jp/

愛新覚羅ゆうはんの公式サイト
はこちら

イラスト　ナカオテッペイ
デザイン　喜來詩織（エントツ）
DTP　キャップス
校正　玄冬書林
協力　藤岡操

一生《いっしょう》お金《かね》に困《こま》らない開運術《かいうんじゅつ》
金《きん》運《うん》龍《りゅう》神《じん》風《ふう》水《すい》

2025年3月1日 第1刷発行

著　者　愛新覚羅《あいしんかくら》ゆうはん
発行者　竹村 響
印刷所　TOPPANクロレ株式会社
製本所　TOPPANクロレ株式会社
発行所　株式会社日本文芸社
〒100-0003
東京都千代田区一ツ橋1-1-1
パレスサイドビル8F

Printed in Japan　112250214-112250214 Ⓝ01（310106）
ISBN978-4-537-22264-7

編集担当：河合